会話の達人が大切にしていること

津田紘彰

フォレスト出版

はじめに

口ベタ、あがり症の方に朗報です

本書を手に取っていただき、誠にありがとうございます。
津田紘彰（通称：ヒロ）と申します。

突然ですが……、あなたは会話に自信がありますか？
おそらく、ほとんどの方は「あまり自信がない」からこそ、この本を手に取ってくださったのではないかと思います。

そして、そんな会話に自信がないと感じているかなりの割合の方が、

「自分は口ベタだから」「あがり症だから」「自信がないから」

といった理由で人と話すことに苦手意識を感じているのではないでしょうか？

そのため、

「会話を上達させるには、まず口ベタやあがり症を治さなければ……」

と、必死に自己改善に取り組んでいる方もいらっしゃるかもしれません。


しかし……、ここでズバリお伝えします。

会話が上手になるのに、「口ベタ」や「あがり症」を治す必要はありません。

「え、そんなバカな！　だって、それらが会話ベタの原因なのに……」

という声が聞こえてきそうですが、私に言わせれば、それは大きな誤解です。

実は、**口ベタのままでも、あがり症のままでも、会話上手になれます。**

こう聞くと、「ああ、なるほど。話術のテクニックを身につければ、口ベタさやあがり症を克服できるということ？」と思う人もいるでしょう。

確かに、そう言えるかもしれません。本書でも話術のテクニックを紹介しますが、

それは会話の本質ではありませんし、この一冊で話術をすべて習得するのは不可能でしょう。話術だけを上達させたいという方は、そっと本を閉じていただいて大丈夫です。

でも、安心してください。

本書では、話術だけに頼らない、会話の本質をしっかりとお伝えしていきます。この本を読めば、口ベタやあがり症のままでも、生まれ変わったようにいい会話をつくることができるようになります。

会話には自信があったのに、なぜか人が離れていった理由

それでは、本当に大切なものとは何なのか、というお話を簡単にしたいと思います。

私は現在、コミュニケーション&スピーチアカデミア（CASA）というコミュニケーションや会話を学ぶスクールを主宰していますが、もともと、会話が上手だった

かというと、決してそうではありませんでした。

実は、私は大昔にプロのミュージシャンをしていました。

ミュージシャン時代、私は自分の話術に自信を持っていました。目の前にいる10人くらいの相手を、涙を流して大爆笑させるくらいの話術を持っていたので、「自分は会話が上手い」と自惚《うぬぼ》れていました。

ところが、ミュージシャンを辞めたとたんに、それが単なる勘違いだったことがわかり、愕然《がくぜん》としました。

ミュージシャン時代と同じように人と話していると、二度と飲み会には呼ばれなくなり、人がどんどん自分から離れていくようになったのです。

不思議ですよね？　でも、今ならその理由がはっきりとわかります。

その頃の私の話は、**「おもしろかった」けれども、「自分の話ばかりしていた」**のです。

どんなに会話のテクニックを身につけていても、自分の話や自慢話ばかりしていたら、一緒にいる相手は楽しくないですよね。

このとき、私は**「立て板に水を流すごとくにしゃべることができるばかりが会話ではないのだ」**とハッと気づかされたのです。

会話の極意とは、むしろ**「話し手の心やマインドを尊重すること」**なのではないかということに思い至たりました。

9割の人が知らない会話の本質

その後、「炎の講演家」として有名な鴨頭嘉人《かもがしらよしひと》先生との出会いを果たしたとき、さらなる気づきを得ることになります。

鴨頭先生が会話において気をつけていたことは、

「心の矢印を相手に向ける」

「会話は相手へのプレゼントである」

というものでした。

心の矢印とは、私たちのマインドが向いている方向のこと。

これを相手に向けるか、自分に向けるかで、会話の質はガラリと変わってしまうのです。

そして、会話を通して、相手にプレゼントをあげるつもりで話をするのか、それとも自分が何かを手に入れようというつもりで話をするのかも、私たちの会話を大きく左右すると言うのです。

鴨頭先生から教わった考え方がヒントになり、現在の私の会話に対する考え方が形づくられることになりました。

その考え方とは、**会話は「相手が主役」**というものです。

会話があなたの人生を変える

結論から申し上げます。

人と上手に会話ができ、人から愛され、人が集まってくる人は、「相手が主役」の会話ができている人です。

逆に、どんなに話術に長《た》けていても、そのマインドがなければ、ただの自慢話や苦労話に終始するので、人は次第に離れていってしまいます。

本書を通して、この「相手が主役」というマインドを身につけることにより、「口ベタやあがり症を治さなくたっていい会話をつくることができるのだ。むしろ、話術といった技術ばかりがあってもダメなのだ」と、あなたに実感していただけると思っています。

本書は、いわゆるテクニック本ではありませんが、いつでも誰もが、楽にかつ再現性高く、会話力を手に入れられるようにこだわりました。

前半部は、一見、「そんなこと、会話力と関係があるの？」と思われるかもしれない考え方に、多くのページを割いています。しかし、その前半部こそが会話力の根幹部分であり、本書でお伝えしたい重要エッセンスでもあります。ぜひ楽しみながら読み進めていただけたら幸いです。

私の会話に関する知識を余すところなく丁寧に紹介していきます。

今まで会話に強い苦手意識を持っていた皆さんの心が、本書を読み終えた頃にびっくりするくらい軽くなっていることを切に願っています。

会話の達人が大切にしていること◎CONTENTS

はじめに　1

第1章
なぜあなたの会話は弾まないのか？

あなたの想い、言葉、届いていますか？　22
日本人の会話力の現状　22
日本人の6割近くが会話に苦手意識あり　24
よき出会いがよき人生をつくる　24

「口ベタ」で「あがり症」の人でも、会話上手になれる理由　27
会話が苦手な人が抱える大きな誤解　27
会話力を向上させる2つのポイント　28
あなたが口ベタなのは「たまたま」です　29

会話の目的って何だろう？　31
学歴や実力より求められる能力　31
学校も会社も教えてくれないが、後天的に伸ばせる能力　32

会話の本来の目的とは？　33
そもそも会話の極意とは？　35
人が離れていく話し方　35
会話は、話すことがすべてではない　36
会話の極意は「相手が主役」　37
人に好かれるための黄金律　39
人の魅力って、生まれつきのもの？　39
人に好かれる魅力は何から生まれるのか？　40
自分を犠牲にする必要はない　41
本質的な会話力とは何か？　43
多くの人が見落としている会話力の重要エッセンス　43
「つながる力」を構成する４つのエッセンス　44
「単なる情報伝達」に終わらせないために　45
なぜ会話は「つながる力」が大切なのか？　49
会話の土台は「セルフイメージ」　49
つながる力で、会話はどう変わる？　51

第2章 タイプによって「会話」の学び方が変わる

つながる力を高めるために「セルフイメージ」を高める 56

会話力に直結する力 56

セルフイメージの正体 57

セルフイメージは、人生の青写真 59

セルフイメージには2種類ある 61

「マイセルフイメージ」が高い人、低い人 61

「ユアセルフイメージ」はなぜ大切なのか？ 62

2つのセルフイメージを同時に高める 64

苦手な相手に対してユアセルフイメージを上げるコツ 64

あなたの自己肯定感＆他者肯定感を診断 66

あなたの会話タイプはどのタイプ？ 66

タイプを決める14の質問 67

Aタイプ 「承認ちゃん」の特徴 75

2種類のセルフイメージがいずれも高い 75

伸ばすべきは「伝える力」 76

Bタイプ「依存ちゃん」の特徴 79
自分に自信はないが、相手をとても尊敬する 79
自分に尊敬と感謝を抱く 80
Cタイプ「マウントちゃん」の特徴 83
自慢話や武勇伝をしがちにご用心 83
磨くべきは「受け取る力」 84
Dタイプ「こじらせちゃん」の特徴 87
自分も他人も好きじゃない!? 87
まずは自分のことを好きになろう 88
相手のタイプに合わせた接し方 91
すべてのタイプに対応するたった1つのコツ 91
受け止め方に余裕ができるキラーフレーズ 92

第3章 誰も教えてくれなかった信頼関係のつくり方

人は「セルフイメージ」どおりの人生を歩む 96
発明家エジソンが教えてくれること 96

セルフイメージ向上は、思い込みから始まる 97
スマホと自己肯定感、意外な共通点 98
自己肯定感・他者肯定感を高めるワーク 101
思いつくままに書き出す 101
セルフイメージを高める10の提案 105
セルフイメージは、誰でも今日から上げられる 105
セルフイメージを高める10の提案 106
どういうわけか強運が舞い込む7つのすごい習慣 108
人生は誰と付き合うかで決まる 115
「尊敬力」こそ、人間関係の源 117
縦の関係ではなく、横の関係を重視する 117
ムカつく人をどうやって尊敬する？ 120
会話上手は「感謝」ができる 123
「感謝が下手な人」に潜むキーワード 123
「当たり前ゾーン」を定期的に見直してみる 125
感謝に対する感度を高めて得られる効用 126
「あいさつ」は、つながる力を高める黄金習慣 128
人間の好感度は、最初の30秒で決まる 128
あいさつの効果を最大化する方法 130

第4章

聞き方を磨くと、弾む会話ができる

大切なのは、「伝える力」よりも「受け取る力」 134
なぜ会話において「受け取る力」が大切なのか？ 134
「聴く力」は3種類 135
心で聴くことを学べば、受け取る力は向上する 137
「心で聴く」を鍛える方法 139
徹底的に相手の感情や動作に寄り添う 139
相手が「本当に伝えたいこと」を探る 140
相手の話に集中できない3つの理由 142
心で聴くことができない要因を客観視する 143
人生を変える最強の聴き方「ペーシング」を身につける 145
相手との間に「安心」「信頼関係」を築ける 145
ペーシングの種類 147
ペーシングをしてはいけない場合 149
「相づち」を使い分ける 151
相づちの効用 151
相づちは会話に不可欠 152
バリエーション豊かな相づちを使いこなす 153

相づちを打つときの注意点　154

リアクションで効果を発揮する「は行五段活用」　157

あの人気タレントも使っている、会話テクニック　157

「は行五段活用」が会話を盛り上げる　158

「は行五段活用」の注意点　159

相手の興味・関心に、興味・関心を持つ　161

「聴く力」がダウンする3つのタイミングの中でも一番問題なのは？　161

人間は自分の聴きたい話しか、聴きたくない生き物　162

興味・関心を持てない話題への対処法　163

「横の関係」が人間関係を変える　166

「縦の関係」が及ぼすデメリット　166

真の人間関係は、横の関係から生まれる　167

相手を主役にする会話、3つのステップ　169

「横の関係」づくりのコツ　171

「会話上手は聴き上手」の真意　172

相手といい関係をつくる2つの極意　172

初対面で一番心がけるのは「聴き上手」　173

人の頭には、なぜ耳が2つついているのか？　175

聴き上手になるトレーニング　176

人間関係づくりの要諦「ほめる」技術　178

生き上手のワザ　178

ほめマスター初級編 179
ほめマスター中級編 180
ほめマスター上級編 182
会話の「内容」より「場づくり」を重視する 185
会話上手は、場づくりを制す 185
場づくり4カ条――その①「尊敬と感謝」 186
場づくり4カ条――その②「目線を合わせる」 187
場づくり4カ条――その③「自分から話しかける」 188
場づくり4カ条――その④「身体の表面積を使う」 189
質問・リアクション上手になるコツ 191
「相手が主役」の必須スキル 191
質問マスターになるための3つのポイント 192
質問をする際に気をつけたいポイント 194

第5章

「自信がない」人でも好かれる会話の極意

「クセ」を変えると、会話がみるみる上達する 198
クセは理性では抑えられない 198

「思考のクセ」をつくっている真犯人 199
日常を変えるための3つのポイント 202
「自分への問い」でクセを変えるコツ 204
「語尾に音符をつけて話す」「笑顔の特訓」のポイント 205
相手に嫌われずに反論する秘策 207
反論したいけれど、嫌われたくない 207
butの前にYesを置く 208
相手別「Yes、but」3つの活用法 210
枕詞があるかないかで、相手の印象は180度変わる 212
本題に入る前のクッション 212
「受け入れる」と「受け止める」は別物 216
自分と違う価値観を持った相手に、あなたならどうする？ 216
「受け入れる」とは、相手に「賛同」すること 217
「受け止める」とは、相手に「共感」すること 218
「受け止める」が衝突リスクを回避する 219
会話の「横軸」と「縦軸」を意識する 221
雑談をただの雑談以上のものにするコツ 221
どの話題を選ぶか、どう話を深めるか 222
普通の雑談と、縦軸を意識した雑談の違い 224
縦軸を掘るコツ 225

相手の「ホットトピック」を押さえる 227
ホットトピックの効用 227
ホットトピックを掘り当てるプロセス 228
ホットトピックを掘り当てるコツ 230
相手と心の距離を縮める「タメ語」の使い方 233
もっと仲良くなりたいのに、なかなか仲良くなるのが難しいとき 233
自分の独り言をタメ語でつぶやいてみる 235
目上の人もフランクな付き合いを求めている 237
私がおすすめする極意「高田エリーの法則」 239
読み方は、「たかたえりい」 239
「高田エリーの法則」の詳細 241
人と話すとき、つい力んでしまうあなたへ 243
上手に会話しようと思えば思うほど、本質から離れがちになる 243
「相手を楽しませなきゃ」の空回りにご用心 244
人は、笑わせてくれる人より、一緒に○○してくれる人が好き 245
「相手の役に立ちたい」という意識を持つ 246
男性脳と女性脳の違いと、会話の深い関係 248
「ただ話を聴いてほしいだけ」の真相 248
男性脳と女性脳はここまで違う 250
無意識に使っている、「言い方」と「言葉選び」にご用心 253
会話で相手に不快感を与える典型例 253

上から目線（マウント）に聞こえる言葉 254
相手に気を遣わせる言葉 255
相手が大切にしていることを大切にできない言葉 256
馴れ馴れしく聞こえる言葉 258
謝っているように聞こえない言葉 259
自慢に聞こえる言葉 260
反論に聞こえる言葉、過度ないじり、卑屈な言葉もNG 261
非言語でも不快感を与える「間違った態度」にご用心 263
「言葉遣い」「話し方」が完璧でも台無し 263
やってはいけない10の態度 264
「また会いたい」と思われる人になる秘策 266
「また会いたい」「二度と会いたくない」の境界線 266
「相手にちょっと多め」という意識 268
モデリング対象&ベンチマーク対象を持つ 270
新しい会話スタイルを加速度的に身につけられる秘策 270
その人になったかのように振る舞う 271
モデリング対象・ベンチマーク対象の選び方 272
おわりに 275

装幀◎河南祐介（FANTAGRAPH）
本文デザイン◎二神さやか
図版作成◎ファミリーマガジン
編集協力◎佐藤裕二、渡邉亨
DTP◎株式会社キャップス

第1章

なぜあなたの会話は弾まないのか？

あなたの想い、言葉、届いていますか？

日本人の会話力の現状

あなたは、2019年末に始まったコロナ禍によって、私たち日本人の会話力はどのように変化したと思いますか？

リモートワークが推奨されるようになったことで、ZOOMなどのツールを使った会話が一般的となり、対面での会話の機会はかなり減りましたよね。

とはいえ、「方法はそれまでとは異なるとしても、会話自体はあったのだから、日本人の会話力にはそれほど影響はなかったのではないか？」と考える人もいるかもしれません。

しかし、現実はそう甘くはありませんでした。

私は、コンサルタントとして飲食業界のお仕事をいただくことが多く、業界の方のお話を聞かせてもらう機会があるのですが、皆さん口を揃えて言うのが、**「今の若者たちの会話力はかなり落ちている」「会話に自信がないから、仕事もプライベートも恋愛も、上手くいっていない従業員がとても多い」**という感想です。

もちろん、すべてがコロナ禍のせいではないかもしれません。

現在の日本の教育そのものが原因である可能性もありますが、もともと会話があまり得意でなかった若者たちが、さらに苦手になってしまったという印象を受けている方が相当数いるのが現実です。

そして、この会話力の問題は若者に限った話ではありません。

日本人の6割近くが会話に苦手意識あり

日本の文化庁が毎年行なっている「国語に関する世論調査」を見ると、自分の言いたいことが相手に伝わらなかったと感じた人は、実に63%にも上るそうです。

逆に、人の言いたいことが理解できなかったという人も、同じく60%もいます。

こういった調査を通して、文化庁は、情報伝達ツールの普及に伴い、**従来の対面型の会話に苦手意識を持っている人が国民の約6割を超えている**と発表しました。

残念ながら、これは、私のこれまでの経験則からも正しい比率だと感じています。

私が主宰するコミュニケーション&スピーチアカデミア（CASA）というスクールを選んで来てくださる生徒さんたちの大半も、「会話ベタ」という自覚がある方ばかりだからです。

よき出会いがよき人生をつくる

では、会話を上手にできる人と、上手にできない人とでは、長い目で見てどれだけの違いが生まれると思いますか？

会話の質が私たちにもたらす効果は、あなたの想像以上に大きいものかもしれません。そのヒントが次にあります。

私たちが今生きているこの世界は、何でできていますか？　たくさんの国でできていますよね。それでは、その国は何でできていますか？　社会でできていますね。その社会は、何でできていますか？　それぞれの家でできていますね。それなら、その家は何でできていますか？　人でできています。それでは、人は何でできているのでしょうか？

細胞？　筋肉？　いろいろな考え方があると思いますが、私は、**人は「出会い」でできている**と考えています。

日本人は、日本に生まれて日本と出会い、日本人の親と出会ったから日本人になれました。

仮にあなたがオオカミに出会ってオオカミに育てられていたら、あなたは日本人になれないかもしれませんし、厳密には人にもなれなかったかもしれません。

つまり、**私たちの人生は、「誰と出会うか」によって形づくられており、**誰と出会うかによってよき人生にもなれば、そうではない人生にもなるということなのです。

そして、その**出会いの質をできるだけいいものにしたいのなら、会話力を高めるし**かありません。

「口ベタ」で「あがり症」の人でも、会話上手になれる理由

会話が苦手な人が抱える大きな誤解

会話が上手な人と聞くと、ほとんどの方は、話術に長けていていつも堂々としていて自分に自信がある人を想像すると思います。

そして、「会話上手になるには、自分自身をそういう人間に改造しなければいけない」と思い込んでいる方も、ものすごく多くいます。

しかし、実際のところ、そんなことはありません。**会話上手になるのに、「口ベタ」を治す必要も「あがり症」を治す必要もありません。**

多くの方が誤解しているのですが、それらは**本質的に会話力の障害ではない**のです。

逆に、口が達者で、いつも堂々としていて、自分に自信がある人であっても、**話が絶望的につまらない人**があなたのまわりにもいませんか？

◉自分の自慢話ばかりして、周囲をしらけさせている人。

◉相手の気持ちを読み取らずに、マシンガンのように話し続ける人。

こういった人たちは、果たして会話が上手な人なのでしょうか？

私から言わせれば、必ずしもそうではありません。話すのが上手で、いつも堂々としていて自分に自信があっても、会話ベタである可能性があります。

会話力を向上させる2つのポイント

では、会話ベタな人には何が欠けているのか？　ポイントは2つあります。

まず、1つ目は**「心の矢印」**。私たちの心は、矢印のようなものであり、自分の意思で方向を変えられるようになっています。

心の矢印を自分に向けてしまうと、会話に自信のない人は、「何を話せばいいんだろう……」「今、この人にどう思われているのかな」などと考えてしまい、相手といい関係をつくりにくくなります。

また、話し方が上手で話すことに慣れていても、心の矢印が自分に向き続けていたら、自分勝手で、相手の気持ちをまったく汲み取ることができない、空気の読めない会話になってしまうことでしょう。

2つ目は、私が**「つながる力」**と呼んでいるものです。

つながる力とは、**自己肯定感、他者肯定感、相手への尊敬力、感謝力**を合わせた力のことです。これがあるとないとでは、会話の質はガラっと変わってしまいます。

会話ベタの人は、このつながる力が決定的に弱い傾向にあります。

あなたが口ベタなのは「たまたま」です

会話を左右するのは、しゃべり方がスムーズかどうかや、リラックスしているかどうかではなく、**あなたの心がどちらに向いていて、相手と自分のことをどう思っているか**です。

そうは言っても、口ベタな人やあがり症の人は、口ベタやあがり症に会話ベタの原因があると考えてしまい、「どうして自分はこうなんだろう」と自分を責めてしまうこともあると思います。

でも、自分を責める必要はありません。

あなたが口ベタなのは、多くの場合、親御さんがおとなしい人だったか、自分のしゃべり方をかつて揶揄された経験（トラウマ）を持っているかであり、逆にしゃべりが上手な人も、多くの場合は親御さんや身近な人が会話上手だったか、過去に自分のしゃべり方をほめられた経験を持っているからです。

つまり、**口ベタかそうじゃないか、あがり症かそうでないかは、「たまたま」そうなっているだけ**です。それらは、あなたのせいではないので、この本を読み進めるにあたって、まずはその事実をはっきりと胸に刻んでおいてください。

口ベタやあがり症のままでも、「心の矢印」「つながる力」を意識すれば、必ず会話上手になれます。

会話の目的って何だろう？

学歴や実力より求められる能力

悲しい現実をお伝えします。

「結局、人生は会話で9割が決まってしまう」

あなたのまわりで、会社で出世したり、独立起業して成功したり、プライベートも充実して幸せを手に入れた人たちを見てみてください。

そのほとんどの人に共通するのは、学歴や能力が高い人もいますが、むしろ「会話力」が高い人たちではないでしょうか。学歴が高くても、実力があっても成功できない人、幸せになれない人はたくさんいます。

子どもの頃から、社会や親の期待に応える形で、いくら勉強やスポーツを頑張ってきた人でも、会話が苦手では、よほど特殊な才能の持ち主でない限り、人生では損をすることが多いものです。

私もこれまでの経験から、学歴や実力はあるのに、なぜか成功できない人、なぜか人が離れてしまう人をたくさん見てきました。

24ページでも紹介したように、文化庁の調査では日本人の約6割が会話を苦手としているそうですが、その反面、**企業が人材を採用するときに最も重視する能力は、過去20年以上ずっとコミュニケーション力（会話力）です。**

学校も会社も教えてくれないが、後天的に伸ばせる能力

ところが、私たちは企業がこれほど必要としている会話について、学校などで体系的に学ぶ機会を持ったことがありません。

学校で教わらなかったことを、社会が求めている――。

私はここに、約6割の人が会話を苦手としている理由があるような気がしています。

とはいえ、その約6割の人は、この先もずっと会話が苦手というわけではありません。

なぜならば、会話力は学ぶことが可能だからです。

会話力は、先天的な能力ではなく、後天的に、誰でも学んで身につけることができ、向上させることができる能力なのです。

そして、学ぶのに遅すぎるということはありません。いくつになっても、会話上手になることはできます。その秘訣をこれから詳しく解説していきますので、安心してくださいね。

会話の本来の目的とは？

ところで、なぜ私たちは会話力を身につける必要があるのでしょうか？

出世のため、夢を叶えるため……といった理由もそうですが、会話の一番の目的とは、24ページでも述べたとおり、「よき出会いをつくること」にあります。

人生は誰と出会うかで決まります。どんな友人と出会うか、どんなパートナーと出会うか、どんな上司と、どんなメンター（師）と出会うか。

出会いという現象が、私たちの人生を形づくっています。

また、誰と出会うかはもちろん大切ですが、**誰と「どう」出会うかも大切**です。自分が相手にとって印象の残らない人になるか、また会いたいと思ってもらえる人になるか。そのためにも、私たちは会話力を向上させる必要があります。

そもそも会話の極意とは？

人が離れていく話し方

ここまで見てきたように、会話に本当に必要不可欠なものは、「話の上手さ」ではありません。

話の上手さ、話術ばかりを身につけたところで、あなたはいい会話をつくることはできません。まずは、そのことをちゃんと覚えておきましょう。

どれほど立て板に水を流すがごとく、流暢《りゅうちょう》に話し、かつまわりを楽しませ、笑いの渦に巻き込んだとしても、あなたが自分の話ばかりしてしまったり、自慢話に終始したり、相手は笑っているけれども、心の奥で何を考えているのかについて、まったく思いやることができなければ、決して質の高い会話をしているとは言えません。

あなたの話を聞いていた人たちは、きっとこう思うことでしょう。

「この人は、話は確かにおもしろいし、よくしゃべって場を持たせてくれるけど、自分のことばっかりで、何だかあまりお近づきにはなりたくないな」

まさに、ミュージシャンを辞めたあとの私がこんな状態でした。おもしろいほど、潮が引くように人が私から離れていきました。

こんなタイプは、会話の上手い人でもなんでもありません。

ただの自分勝手で空気の読めないおしゃべりな人です。

会話は、話すことがすべてではない

そうは言っても、口ベタの人たちは、饒舌《じょうぜつ》に話すことができる人のことをうらやましがるかもしれません。

「あんなふうになめらかに話せたら、さぞかし仕事もプライベートも充実しそうだなぁ」

と憧れすら抱いている人もいるでしょう。

しかし、**私は口ベタやあがり症の人の人に出会って、「この人は会話力が高いなぁ」と感心させられる**ときがあります。

それは、**口数が少なくてもしっかりと私の話に、耳と心を傾けてくれる人**に出会ったときです。

あなたも「この人はしっかりと私の話を聴いてくれて安心するし、もっと話したくなるし、何だかホッとする」と思った経験があるのではないでしょうか？

実は、会話において**「相手の話を聴く」**ことは、あなたが想像している以上に大切なことなのです。

会話の極意は「相手が主役」

会話が真に上手な人たちが身につけている極意とは、

「相手が主役」

ということです。

あなたの人生の主役は「自分」、あなた自身です。

しかし、会話における主役は、「相手」でなければいけません。

相手が主役の会話と聞くと、「自分の主導権を相手に渡さなければいけないの？」と不安になる方がいますが、そうではありません。

自分の人生のハンドルは、自分で握ってください。

誰かの人生や誰かのような人生を生きる必要はありません。あなたはあなたらしく、自分の人生の主役でいるというつもりで生きてください。

ですが、**会話においては、話を聴くなど「相手を主役にする」ことを心がけるだけ**で、あなたがたとえ物静かな人であっても、相手にとって居心地のいい時間になったり、たとえ間が空いたりしても気まずくならなくなります。

「相手が主役」という考えを意識するだけで、相手に好かれる存在になることができます。

人に好かれるための黄金律

人の魅力って、生まれつきのもの？

会話が苦手だと思っている人たちに共通しているのは、「自分には魅力がない」と思い込んでいることです。

世の中には、さまざまな魅力や才能を有し、人を惹きつけてやまない魅力的な人たちが存在しています。会話が苦手と言う人たちは、どうやら自分たちはそんな魅力的な人からはほど遠い存在だと考えているようです。

あるいは、そういった魅力は、「外見」「才能」「人柄」など、生まれ持った先天的なギフトによって自然と身につけているものであって、後天的に努力によって身につけることはできないとあきらめてしまっている人もいます。

しかし、あなたは本当に「魅力は先天的なもので、後天的に身につけることはできない」と信じているのでしょうか？

初めはゴツゴツとした原石が、磨けば磨くほど輝きを放っていき、やがてはダイヤモンドのような存在になることだってあります。

本来、**魅力とは、努力によって後天的に身につけられるもの**です。

人に好かれる魅力は何から生まれるのか？

人に好かれるような魅力は、生まれ持った力ではなく、努力によって後天的に磨くことができます。

しかし、自分を磨いていくにあたって、どうしても忘れてはならない法則があります。

それが、**「人に好かれる黄金律」**です。

人に好かれる黄金律

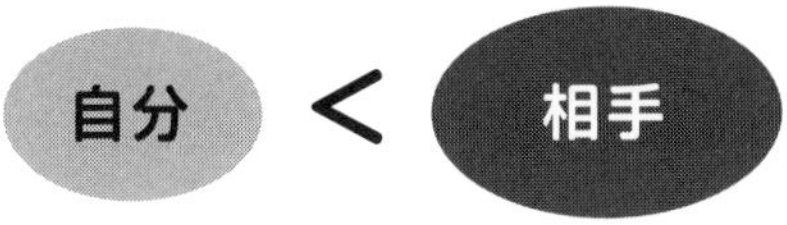

人は、「大切にしてもらえた」という思いから
よき出会いが始まる

私の提唱する人に好かれる黄金律とは、
《自分》＜《相手》
です。

人は、**誰かから「大切にしてもらえた」という思いから、よき出会いが始まる**ものです。なぜならば、大切にしてもらえたからこそ、その人との会話に価値を見いだすからです。

この黄金律を守ることで、あなたの魅力はどんどん磨かれていくことになります。

自分を犠牲にする必要はない

自分よりも相手を優先し、自分がしてもらいたいと思う会話を相手に対して行なうと言うと、人によっては「自分を犠牲にしなければならないの？」と考えてしまうかもしれません。

しかし、そうではありません。《自分》∧《相手》の会話とは、**自分も楽しみながら、相手により楽しんでもらえるにはどうしたらいいか、自分も話を聴いてほしいけれど、少しだけ多く相手の話を「聴かせてもらいたい」と思いながら行なう会話**のことを指します。

あなたが、もし人を惹きつけてやまない魅力的な人になりたいのなら、この黄金律を忘れずに会話を続けていけば、自然に原石がダイヤモンドになるように磨かれていくはずです。

本質的な会話力とは何か？

多くの人が見落としている会話力の重要エッセンス

そもそも、会話力とはどんな能力なのか、あなたはご存じでしょうか？

多くの人が、

「人に自分の言いたいことをわかってもらう能力」

「相手の言いたいことを理解してあげる能力」

など、話したり聞いたりするときに使われる能力のことだと考えているのではないでしょうか？

確かに、**自分の思いを伝える力（話す力）**と、**相手の思いを受け取る力（聴く力）**は非常に重要ですし、会話力の一部を構成しています。

しかし、会話力を構成しているにもかかわらず、ほとんどの人が見落としてしまっている要素がもう1つあります。

それは、**「つながる力」**です。

「つながる力」を構成する4つのエッセンス

つながる力とは、**会話力を支える「フィルター」**のようなものです。

会話を空気にたとえると、フィルターを通して伝え、受け取るので、フィルターが汚れていると、きちんと伝わらず、きちんと受け取ることもできません。フィルターはすぐに汚れてしまうので、いつも意識的に掃除しておく必要があります。

これがないと、あなたの会話は、単なる表面的な話に終始してしまい、相手にいい印象やいい記憶を残すことができず、結果的には「よき出会い」をつくることができなくなってしまいます。

つながる力を構成するのは、先に述べたように**「自己肯定感」「他者肯定感」「相手への尊敬力」「感謝力」**の4つの要素です。

「単なる情報伝達」に終わらせないために

想像してみてください。もし、あなたが自分のことを常に否定していて自信がなかったら、相手の言っていることを素直に受け取れるでしょうか？

また、あなたが相手のことを常に否定しているような状態だったら、相手に対する言葉遣いはフレンドリーなものになるでしょうか？

相手を尊敬する気持ちがなかったら、あなたの話し方はとてもトゲトゲしいものになるかもしれませんし、相手が理解できないような話を平然としてしまうかもしれませんよね。

そして、相手への感謝の念がなければ、あなたの会話はよき出会いをつくり出すチャンスではなく、「単なる情報伝達」へと成り下がってしまうでしょう。

つまり、技術だけ鍛えても、つながる力がないと会話がおかしなことになったり、相手はあなたの本当に伝えたいことも変なふうに受け取りかねません。

しかし、つながる力さえあれば、たとえ口ベタだとしても、〝つながる〟というフィルターを通じて、相手に対するリスペクトもあって、感謝もあって、自分も相手もすばらしいというマインドでちゃんと伝えているので、相手との会話はよき出会いになるでしょう。

また、相手のつながる力は変えられませんが、自分のつながる力を大切にして会話をしていると、相手のつながる力により良い影響を与えることもできます。それが、たとえ相手が変な話や嫌みを言ってきたとしても、です。

生徒さんで、こんな方がいらっしゃいました。

上司に「自分の父親がうつになってしまって……」と話したとき、「うつねえ……、お前の成績が上がらない、俺のほうがうつになりそうだよ」と言われたそうです。

この上司は、部下が父親を心配する気持ちを受け止めてくれないどころか、嫌みで返したわけですから、普通であれば悲しい思いが湧いてきたり、腹が立っても当然です。普段の彼であれば、「はい……申し訳ありません」と力なく答えていたそうです

が、彼は咄嗟に「つながる力」のことを思い出し、
「はい。父もうつになってしまいましたし、僕がしっかり営業成績を上げて父を安心させなければ、と思いました。なかなか成績が奮わなくて申し訳ありません。専務もいつも心配してくださってありがとうございます」

と答えたそうです。

すると、この上司がちょっと慌てたような口調で、
「いや、お前も頑張ってるけどさ。そうだよな……、お父さんを安心させてやらないとな。また何でも聞けよ。力になるから」と言ってくださったそうです。

「パワハラ気質というか、絶対にそんな優しい言葉をかけてくれる人じゃないんです。でも、ヒロさんが言っていた、自分のつながる力を大切にしていれば、相手のつながる力にすらいい影響を与えることがある――。それを体感できて感激しました。これからもつながる力を磨き続けていきます」と話してくれました。

つながる力を意識して会話をすると、会話が単なる情報伝達ではなく、時にはこうして心と心の通い合う「対話」になります。

「自分は今、つながる力を大切にできているか？」といつも意識していたいものです。

コミュニケーションの流れ

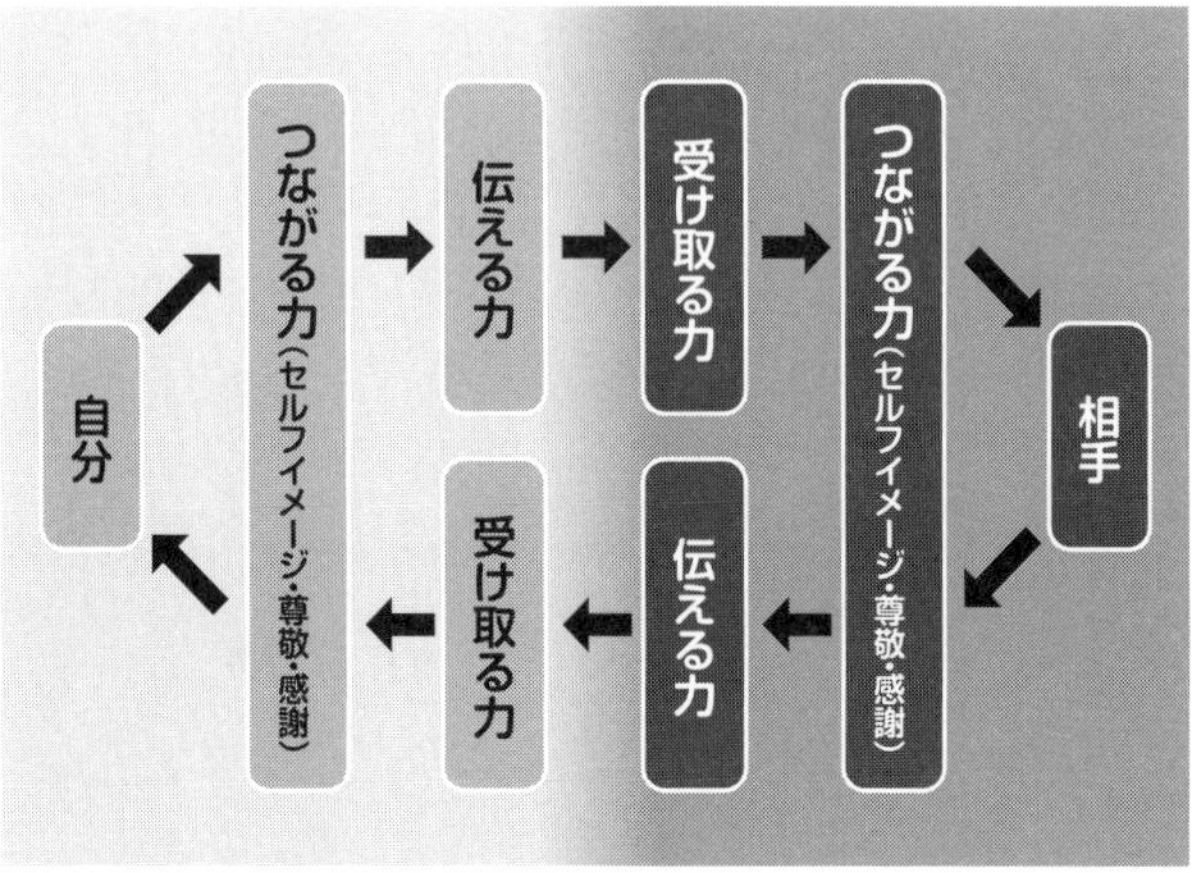

コミュニケーション・スピーチで必須の力は「つながる力」である

- つながる力が弱いと、どれだけ伝える力を鍛えても伝わらない、誤解を受ける
- つながる力が弱いと、どれだけ受け取る力を鍛えても相手の「本当に伝えたいこと」を受け取れない
- つながる力が弱いと、相手との信頼関係が築けない

私たちはつながる力という「フィルター」を通じてコミュニケーションを行なっている

- つながる力が強いと、不器用な言葉でも相手の心に届く
- つながる力が強いと、相手が本当に伝えたいことを受け取れる、マイナスの言葉もプラス転換できる
- つながる力が強いと、相手と短時間のうちに信頼関係が構築される
- つながる力が強いと、相手のつながる力にも良い影響を与える
- つながる力が強いと、「出会えて良かった」と思えるよき出会いを創りやすい

つながる力を磨かずにトレーニングを行なっても無意味である

なぜ会話は「つながる力」が大切なのか？

会話の土台は「セルフイメージ」

前項で説明したように、会話力とは、次の3つの力で構成されています。

◉伝える力（話す力）
◉受け取る力（聴く力）
◉つながる力

この3つの力のうち、会話の土台と言えるほど重要な位置を占めているのが、「つながる力」です。

つながる力は、「自己肯定感」「他者肯定感」「相手への尊敬力」「感謝力」の4つで構成されていましたよね。

自己肯定感と他者肯定感は、**「セルフイメージ」**という言葉に言い換えてもいいでしょう。

セルフイメージとは、**あなたが自分（相手）自身のことをどう思っているか**というイメージのことです。

あなたは自分のことを肯定しているでしょうか？

それとも否定しているでしょうか？

あなたは相手のことを肯定しているでしょうか？

それとも否定しているでしょうか？

こういったセルフイメージが、会話の土台にあります。

つながる力で、会話はどう変わる？

①つながる力が弱い場合

さて、あなたのつながる力が弱いと、あなたの会話はどうなると思いますか？

つながる力が弱いと、まず、どれだけ話す力を鍛えたとしても伝わりにくくなり、誤解を受けやすくなります。

そして、どれだけ聴く力を鍛えたとしても、相手の「本当に伝えたいこと」を受け取れなくなります。

繰り返しになりますが、つながる力が弱くてそういったことが重なっていくことで、相手との信頼関係を築くことができなくなってしまいます。

②つながる力が強い場合

逆に、つながる力が強ければ、あなたの言葉が仮に不器用なものであっても、セルフイメージと尊敬の気持ち、感謝の気持ちから相手の心にきちんと届くようになります。

また、相手がどんなに嫌味を言う人であったとしても、つながる力があれば相手の本当の気持ちも正しく、穏やかに受け取れるようになります。

つまり、**つながる力があれば、相手と短期間のうちに信頼関係を築くことができ、お互いにとって「よき出会い」となります**。

このように、つながる力こそが私たちの会話に重要な「フィルター」のような役割を果たしています。会話におけるつながる力の重要性を感じていただけたら幸いです。

第1章のまとめ

◆会話上手になるのに、「ロベタ」も「あがり症」も治す必要はない。

◆会話力を向上させるポイントは、「心の矢印」と「つながる力」。

◆「つながる力」とは、「自己肯定感」「他者肯定感」「相手への尊敬力」「感謝力」を合わせた力のこと。会話力を支える「フィルター」のようなもの。

◆「相手が主役」という考えを意識するだけで、相手に好かれる存在になる。
◆自分のつながる力を大切にしていれば、相手のつながる力にすらいい影響を与えることができる。

第2章

タイプによって「会話」の学び方が変わる

つながる力を高めるために「セルフイメージ」を高める

会話力に直結する力

第1章でお話ししたように、会話力を構成する要素のうち、最も重要なものは「つながる力」です。

あなたの考えを伝える力や相手の話を受け取る力よりも、つながる力のほうがずっと重要です。

つながる力なくして、会話力を磨くことはできません。

おさらいになりますが、つながる力とは、「自己肯定感」「他者肯定感」「相手への尊敬」「感謝」の4つで構成されています。

第2章では、このつながる力を構成する自己肯定感と他者肯定感、「セルフイメージ」について深く掘り下げていこうと思います。

セルフイメージとは何かを知り、ご自身のセルフイメージを高めることができれば、結果的にあなたのつながる力が高くなり、だんだんと会話上手になっていくことができます。

セルフイメージの正体

そもそもセルフイメージとは何でしょうか？

セルフイメージとは、「潜在意識に蓄積された、自分が自分のことをどう捉えているかに関する情報の総和」のことです。

こんな堅苦しい言い方で説明されても、あまりピンと来ないかもしれませんね。

要するに、セルフイメージとは、

◉自分のことを好きかどうか。
◉自分に価値を感じているかどうか。
◉自分を愛しているかどうか。

という思いの総計だと捉えてください。

もし、あなたが、あまり「自分のことが好きではない」「自分に価値を見いだしていない」「自分という存在を愛していない」度合いが強いなら、あなたのセルフイメージは「低い」ことになります。

逆に、あなたが「自分のことが好き」「自分に価値を見いだしている」「自分という存在を愛している」度合いが強いなら、あなたのセルフイメージは「高い」ことになります。

一般に「セルフイメージが高い」と言うと、自信満々な人を想像するかもしれませんが、そうではありません。

セルフイメージは、人生の青写真

いかがでしょうか？

あなたは、セルフイメージが高いほうでしょうか？

それとも、低いほうでしょうか？

もし、あなたが自分の「セルフイメージは低い」と思っているにせよ、自分の「セルフイメージは高い」と思っているにせよ、自分のセルフイメージを何となくつかめたら、今度はそのセルフイメージと自分の人生の状況を頭の中で比べてみてください。

自分のセルフイメージと人生の状況がかけ離れている人は、ほとんどいないでしょう。

なぜならば、**私たちのセルフイメージは、私たちの人生の青写真**のようなものだからです。

つまり、古今東西の自己啓発本などで提唱されてきたように、「人生はセルフイメージのとおりになる」のです。

セルフイメージが低い人の人生は、そのセルフイメージの影響を受けていきます。

逆にセルフイメージが高い人の人生も、そのセルフイメージの影響を受けます。

よりよい人生を歩むためには、高いセルフイメージを持つことはとても重要なことであり、会話の土台となる「つながる力」について考えるうえでも、セルフイメージはとても大切な概念です。

セルフイメージには2種類ある

「マイセルフイメージ」が高い人、低い人

「セルフイメージ」という言葉を聞くと、ほとんどの人は「自分が自分のことをどう思っているか」というイメージのことを思い浮かべると思います。

しかし、実はセルフイメージには2つの種類があります。

その2種類とは、**マイセルフイメージ（自己肯定感）**と**ユアセルフイメージ（他者肯定感）**です。

マイセルフイメージとは、自分自身による自分のイメージのことであり、高ければ

自己肯定感や自己評価が高くなり、低ければ自己肯定感や自己評価が低くなってしまうものです。

つながる力を高めるには、基本的にはこのマイセルフイメージを高めていくことがとても重要です。

なぜならば、マイセルフイメージが低い人は、自分のことを愛しておらず、信用もしていないため、会話においてどうしても**相手の話していることを素直に受け取れなかったり、自分の言いたいことをきちんと伝えられなくなったり**してしまうからです。

つながる力は、会話において「フィルター」のような役割を果たしていて、セルフイメージが高い人はそのフィルターが汚れのない状態なのですが、セルフイメージの低い人はそのフィルターに汚れが付着している状態です。

今にも剝《は》がれそうなフィルターを使って会話をしようとしても、きちんと伝えることができないですし、正確に受け取ることもできなくなります。

「ユアセルフイメージ」はなぜ大切なのか？

さて、世間一般ではセルフイメージというと、マイセルフイメージのほうを思い浮かべる人が圧倒的に多いでしょう。

しかし、セルフイメージを高めるにあたっては、マイセルフイメージだけを高めても不十分です。2種類のセルフイメージのうちのもう一方、**ユアセルフイメージも同じくらい高める必要がある**のです。

ユアセルフイメージとは、**あなたが抱いている他者のイメージ**のこと。

ユアセルフイメージが低い人は、相手をリスペクトしておらず、相手の心に寄り添うことも、相手の心の波長に自分の波長を合わせることもできず、相手と同じ景色を見ることができません。

逆に、ユアセルフイメージが高い人は、相手をリスペクトし、相手の心に寄り添って、相手の心の波長に自分の波長を合わせることで、相手と同じ景色を見ることができるようになります。

2つのセルフイメージを同時に高める

セルフイメージは、マイセルフイメージとユアセルフイメージの両方とも高くなければ、会話の土台となる「つながる力」を高めることはできません。

なぜならば、**マイセルフイメージだけが高くて、ユアセルフイメージは低いという人は、言ってしまえば「ただの自分大好き人間」**だからです。

その状態では、とても「相手が主役」という会話における黄金律を守ることはできません。

苦手な相手に対してユアセルフイメージを上げるコツ

とはいえ、ユアセルフイメージが大事と言われても、特に自分に対して嫌な態度を取ってくるような相手のことをリスペクトするのは難しいものです。

そんなときは、**相手のバックグラウンドに思いを馳せてみてください**。その人だって、お母さんがお腹を痛めて産んでくれたから、この世に生を受けたのだし、自分には厳しい態度を取っているけれど、それにも何か理由があるのかもしれない。この人にだって、愛する人や愛してくれる人がいるのだろう……といったように、考えてみてください。

マイセルフイメージを高めることは、自分はすばらしい存在だと考えることですから、それと同様に相手もすばらしい存在だと考えてみてください。

自分を肯定するように、相手のことも肯定できるようになれば、あなたのつながる力はどんどん高くなっていきますよ。

あなたの自己肯定感&他者肯定感を診断

あなたの会話タイプはどのタイプ?

私たちの人生も会話も、「セルフイメージ」に大きな影響を受けています。

セルフイメージがあなたの人生を形づくっていると言っても過言ではありません。

しかし、あなたは、自分のセルフイメージが高いか低いかをしっかり把握しているでしょうか?


実は、セルフイメージに基づく会話には、4つのタイプがあります。

ここでは、あなたの自己肯定感と他者肯定感を診断するワークを通して、あなたが

4つのタイプのうちのどの会話タイプに属しているのかを突き止めましょう。

タイプを決める14の質問

あなたの自己肯定感と他者肯定感を診断するため、次のそれぞれの質問で最も当てはまるものに◎、次に当てはまるものに○をつけてみましょう。

【Q1】会話で一番うれしいことは？

A　楽しい会話ができる
B　勉強になる
C　教えてあげられる
D　自分を認めてもらえる

【Q2】会話で一番避けたいことは？

A　会話が成り立たない

B　相手から嫌われる
C　メンツやプライドをつぶされる
D　相手がつまらなさそうにしている

【Q3】尊敬する人に言われるとうれしい言葉は？

A　『話してて楽しい』
B　『教えてあげるね』
C　『頼りになるね』
D　特にうれしい言葉はない

【Q4】好きな言葉はどれですか？

A　一緒にやろう！
B　成長しよう！
C　俺（私）についてこい！
D　最後まで頑張る！

【Q5】どのような行動をする？

A　まわりの雰囲気を和らげる
B　気配りをする
C　リーダーシップを発揮する
D　相手に嫌われない方法をとる

【Q6】どのマイナス気分になることが多い？

A　投げやりな気分
B　不安な気分
C　怒りっぽい気分
D　ゆううつな気分

【Q7】自信がないことをやるときの心理は？

A　人に相談して自分でやってみたい

B　人にやってもらいたい
C　自分でやり抜きたい
D　とにかくやりたくない、逃げたい

【Q8】あなたを温度に例えると？

A　あたたかい
B　人肌程度
C　熱い
D　クール

【Q9】よく言う口グセはどれですか？

A　めんどくさいなー
B　どうぞどうぞー
C　許せない！
D　まだまだだ！

【Q10】行事やイベントにはどんなふうにかかわりますか？

A　誰かと協力して参加する
B　幹事を手伝うことが多い
C　自分から企画することが多い
D　利益がありそうなら参加する

【Q11】やりたくないことをするとき、どうしますか？

A　ほどほどにやる
B　人並みでいい
C　人から尊敬されるくらい
D　適当にサボる

【Q12】休日の好きな過ごし方はどれですか？

A　誘ったり誘われたり、快適に過ごす

B　人から誘われて出かける
C　自分から誰かを誘って出かける
D　1人でいることが多い

【Q13】自分の短所を挙げるとすれば？

A　八方美人
B　気を遣いすぎて疲れる
C　柔軟性に欠ける
D　何でも背負いすぎてしまう

【Q14】あと一週間で死ぬとしたらどう過ごす？

A　のんびり過ごす
B　大切な人と一緒にいる
C　自分の考えをみんなに伝える
D　やりたいことをやる

【採点方法】

◎（二重丸）を2点、○（一重丸）を1点として、A、B、C、Dごとに合計してください。一番点数が多いのはどれでしょうか？

A（　　）点、B（　　）点、C（　　）点、D（　　）点

点数を記入したら、一番高い点数が、あなたの会話タイプになります。

4つのコミュニケーションタイプ

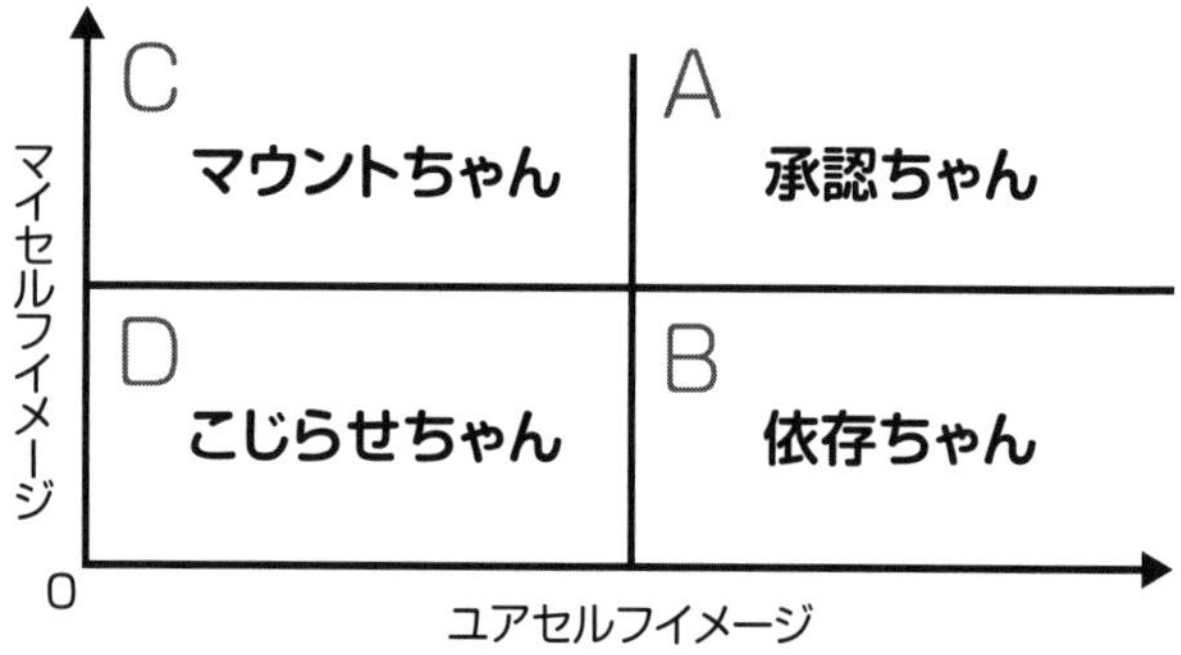

【Aタイプ】「承認ちゃん」の特徴

2種類のセルフイメージがいずれも高い

さて、前項でご自分が4つのタイプのうち、あなたはどのタイプに当てはまったでしょうか。

ここでは、4つのタイプをさらに詳しく見ていきましょう。

まずは、Aの「承認ちゃん」タイプです。

承認ちゃんタイプは、74ページの図の右上に位置しており、マイセルフイメージ（自己肯定感）が高く、ユアセルフイメージ（他者肯定感）も高いタイプになります。

2種類のセルフイメージが共に高いわけですから、承認ちゃんの**「つながる力」**は**すでに高い**ほうだと言えるでしょう。

特に、**受け取る力**に関しては、両方のセルフイメージが高いので、かなり高いでしょう。

自分のことも、相手のことも大切にできるので、相手の話を素直な気持ちで聴くことができ、きちんと受け取ることができるわけです。

伸ばすべきは「伝える力」

一見すると、承認ちゃんには、直すべきところがないように思えるかもしれませんが、あえて挙げるとすれば**「伝える力」をメインに伸ばしていく**といいでしょう。

セルフイメージの高さゆえに、受け取るのは得意ですから、自分の考えをきちんと伝え、相手にわかってもらうための技術を磨くのがおすすめです。

Aタイプ　ニックネーム『承認ちゃん』

マイセルフイメージ（自己肯定感）もユアセルフイメージ（他者肯定感）も高い
→自分も相手も大切にできてコミュニケーションが取りやすい

心の中の口癖：（いいね！）（すばらしい！）（私ならできる！）（あなたならできる！）

または、**質問力**を磨いて、相手の言わんとすることの**「ホットトピック」**（227ページ参照）**を探る**のが上手になるのもいいでしょう。

そういった力を磨くことで、承認ちゃんはどんどんよくなっていきます。

つながる力は、先ほども述べたように「フィルター」のようなものですから、いくら承認ちゃんと言っても、**何もしないでいたらフィルターが汚れていきます。**

ですから、いつも新鮮なフィルターを付けて、目の前の相手への尊敬と感謝の念、そしてマイセルフイメージとユアセルフイメージを高く維持するよう心がけてください。

【Bタイプ】「依存ちゃん」の特徴

自分に自信はないが、相手をとても尊敬する

次にBの「依存ちゃん」を見ていきましょう。
依存ちゃんは、図の右下に位置しています。
マイセルフイメージは低いけれども、ユアセルフイメージが高いタイプですね。
依存ちゃんは、言うなれば「私はダメですが、あなたはすごいです」という人。
この依存ちゃんは、最近の日本では特に増えてきているような気がします。

このタイプは、**自分に自信はないけれども、相手のことはとても尊敬している**わけです。

そのため、**自分からは何もあげられないけれど、相手からは無意識のうちにいろいろなものをもらおう（奪おう）とします**。しかし、こういった状態だと、あなたのつながる力はとてもアンバランスになってしまいます。

相手の言わんとしていることはきちんと受け取れる反面、**自分自身のことを相手に伝えるのがとても不得意で、腰が引けてしまう**のです。

依存ちゃんは、他人に対するリスペクトが大きいので、相手の中にある自分の知らないことだったり、自分がしたことがない体験だったり、自分にはない部分をものすごくちゃんと評価することができます。

自分に尊敬と感謝を抱く

しかし、依存ちゃんは、それと同じことを自分自身にはしてあげられていません。

自分自身の中にも、尊敬すべきところはいっぱいあるし、感謝すべきこともいっぱ

Bタイプ　ニックネーム『依存ちゃん』

マイセルフイメージ（自己肯定感）が低くユアセルフイメージ（他者肯定感）が高い
→相手から奪おうとする、または相手に気を遣わせるコミュニケーションになりがち

心の中の口癖：（この人みたいになりたいなあ）（この人の言うことを聞いていればいいや）

いあることに気づくことができれば、依存ちゃんのつながる力はもっともっと高まっていくはずです。

あなたはあなたですばらしい。でも、自分は自分ですばらしい。そう思えるようになれれば、伝える力も高まっていき、つながる力そのものが向上して会話もガラッと改善していくはずですし、お互いに与え合える関係になれるはずです。

このタイプは、まず自己肯定感を高められるよう、自分に尊敬と感謝を抱けるよう自分自身を見つめながら、伝える力をメインに鍛えるようにしましょう。

【Cタイプ】「マウントちゃん」の特徴

自慢話や武勇伝をしがちにご用心

次はCの「マウントちゃん」です。

マウントちゃんは、図を見ていただければわかるように、**マイセルフイメージは高いのに、ユアセルフイメージが低いタイプ**です。

自分のことは愛しているし、大切にしているし、尊敬しているけれども、他人のことをあまり愛しておらず、大切にもせず、尊敬もしていないというタイプ。

つまり、「俺はすごいけど、お前はダメだよ」とふんぞり返っているような人たちのことです。

ミュージシャンを辞めたあとの私がまさにこのマウントちゃんでした。

マウントちゃんの特徴は、基本的に「自分はすごいけど、お前らはダメ」というスタンスなので、会話においては自然と自慢話や武勇伝が多くなります。

相手の話を聴くというよりは、「自分の話を聴け！」という会話です。

伝える力はあるほうだけど、受け取る力が全然ないわけです。

磨くべきは「受け取る力」

受け取る力に乏しいマウントちゃんタイプの人が話す力やプレゼン力を磨いてしまうと、どんどん逆効果になっていきます。

自慢話ばかりしている人が、さらに話が上手くなってしまったら、はっきり言って目も当てられませんよね。

ですから、マウントちゃんタイプの人は、何はともあれ**ユアセルフイメージを高める努力をしなければいけません。**

Cタイプ　ニックネーム『マウントちゃん』

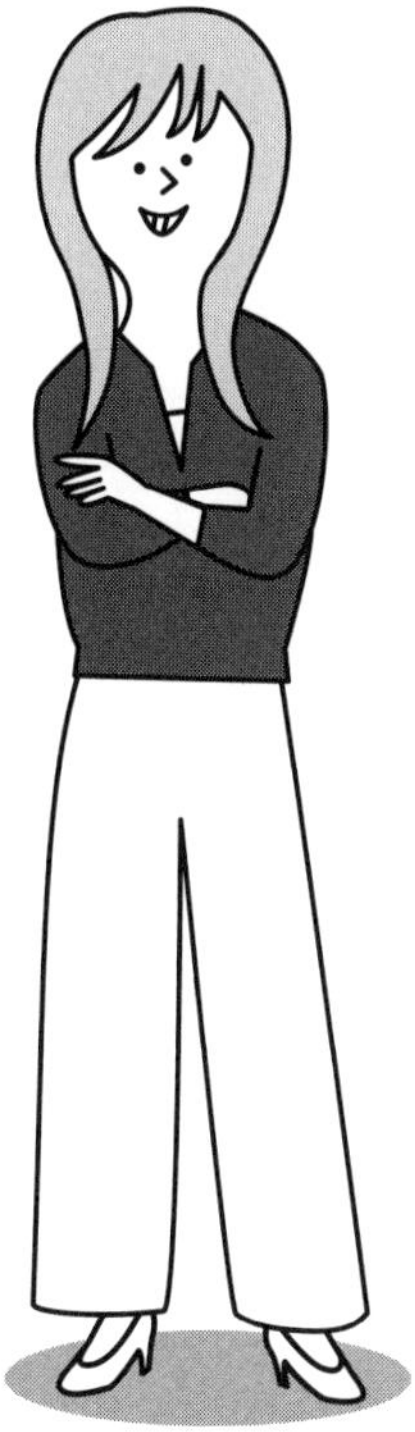

マイセルフイメージイメージ（自己肯定感）が高くユアセルフイメージ（他者肯定感）が低い
→自己主張が強く、相手の意見は聞かない、
または聞きたいことだけを聞くコミュニケーションになりがち

心の中の口癖：（もっとこうしたらいいのに）（私が正しい）（あなたは間違っている）

自分もすごいかもしれないけれども、**相手だってすばらしい存在なんだ**、どんなに目下だろうと、またたいしたことのない人間に見えていても、尊敬できるポイントは必ずあるんだと意識するようにしましょう。

【Dタイプ】「こじらせちゃん」の特徴

自分も他人も好きじゃない!?

最後は、Dの「こじらせちゃん」です。

実はこのタイプが、一番厄介なタイプなのですが、私のスクールにもけっこう入ってきています。

こじらせちゃんは、図の左下に位置しており、つまり、マイセルフイメージもユアセルフイメージも、共に低いというタイプ。

「私は自分自身が好きじゃないし、他の人のことも好きじゃありません」

まさに、これがこじらせちゃんの本質です。

こじらせちゃんの場合は、過去にいじめに遭ったことがあるなど、特殊な事情を抱えている方も多く、私自身がアドラー心理学のカウンセラーをしているため、カウンセリングを受けてもらったり、コーチングをやってもらったりと、別のアプローチによって自信を持ってもらうことも多くあります。

私のところに来られる生徒さんにも一定数いらっしゃいますが、私の会話術講座やカウンセリングを通じて、徐々に自信をもって会話も上手になっていく人がほとんどです。

まずは自分のことを好きになろう

ただし、これから自分で変わろうとするこじらせちゃんにアドバイスをするとすれば、自分と相手に対してつながる力を育てられるようにトレーニングをすることが大切です。**「自分は、別にこのままでいていいんだ」「自分にもいいところがあるんだ」**と思えるようになれば、自然にだんだんと自分の中にあるすばらしさにも気づけるよ

Dタイプ　ニックネーム『こじらせちゃん』

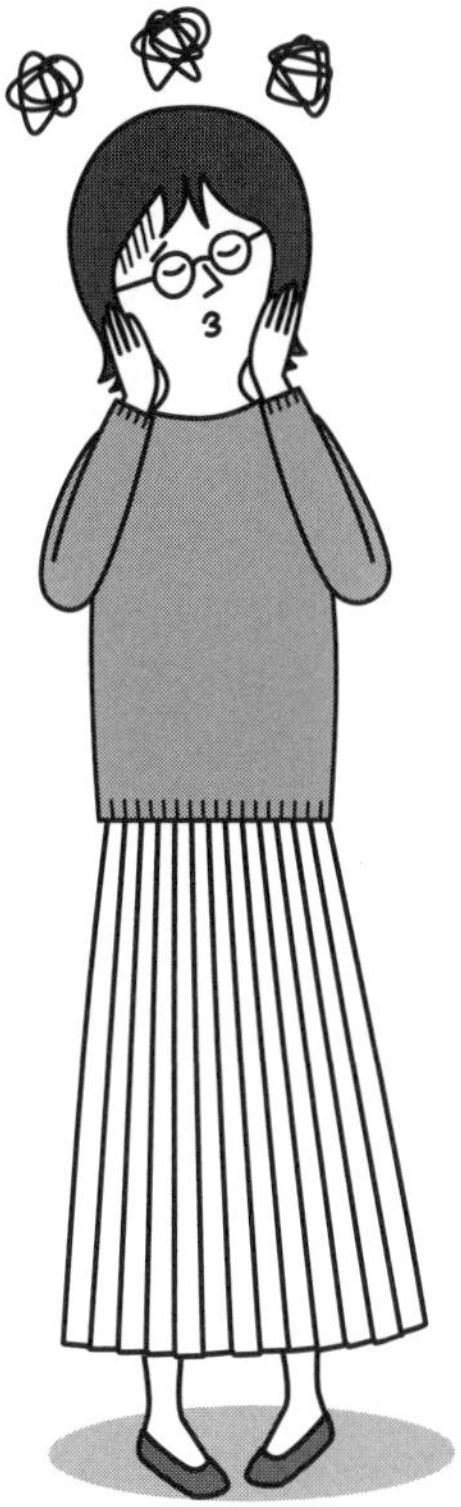

マイセルフイメージ（自己肯定感）もユアセルフイメージ（他者肯定感）も低い
→自分の思うことは上手く伝えられない、
相手の言うことも入りにくいというコミュニケーションになりがち

心の中の口癖：（どうせ私なんか）（誰もわかってくれない）（話してもムダ）

うになると思います。

あるいは、「自分のことはなかなか好きになれない」というタイプなら、他人を好きになる努力をしてみましょう。相手の話をちゃんと聞きながら、相手のいいところを見つけるようにするのです。

このタイプは、どちらかと言えば**「受け取る力」メインで鍛えていく**ことがおすすめです。受け取る力 ＞ 伝える力のバランスが望ましいでしょう。

相手のタイプに合わせた接し方

すべてのタイプに対応するたった1つのコツ

最後に「相手が4つのタイプのうちのどれかのタイプだったら、それぞれどのように接すればいいのか？」について見ていきましょう。

結論から言いますと、実は、相手がどのタイプだろうと、あなたへのアドバイスは1つです。**「あなたのつながる力をできるだけ高める」**ことが最も有効な対処法だと私は考えています。

受け止め方に余裕ができるキラーフレーズ

自分自身のつながる力が分厚ければ、相手がどんなにあなたに嫌味を言ってきたとしても、**「ああ、そうでしたか。あなたにはそう見えるのですね。貴重な意見をありがとうございます」**と受け止めることができます。

そうすると、相手に対してもいい影響を与えることになって、どんなタイプであれ、あなたときちんとつながれるようになるからです。

相手を受け止める言葉として、この他にも**「あなたはそういうお考えなのですね」「そういう考えもありますよね」「参考になります」「勉強になります」「視野が広がりました」「おもしろいです！」**などがあります。

相手との関係性によって表現は異なりますが、使い分けて「受け止め上手」になっていきましょう。

第2章のまとめ

◆セルフイメージは、私たちの人生の青写真のようなもの。
◆セルフイメージには、「マイセルフイメージ（自己肯定感）」と「ユアセルフイメージ（他者肯定感）」の2種類がある。これらは同時に高める必要がある。
◆ユアセルフイメージとは、あなたが抱いている他者のイメージのこと。
◆ユアセルフイメージを高めると、相手をリスペクトし、相手の心に寄り添って、相手の心の波長に自分の波長を合わせることができるので、「相手が主役」の会話ができるようになる。
◆会話のタイプは、「承認ちゃん」「依存ちゃん」「マウントちゃん」「こじらせちゃん」の全4タイプあり、相手のタイプに合わせた接し方を実践しよう。

第3章

誰も教えてくれなかった信頼関係のつくり方

人は「セルフイメージ」どおりの人生を歩む

発明家エジソンが教えてくれること

あなたはそもそも「セルフイメージ」自体に、私たちの人生を変える非常に大きな力が秘められていることを、ご存じですか？

例えば、誰もが知っているアメリカの発明王トーマス・エジソン。

彼は、電球を発明するのに1万回も失敗を重ねたそうです。何度も失敗を重ねるたびに、助手は「また失敗でしたね」と言うのですが、エジソンは、「失敗？　何を言っているんだ。私は1万とおりの上手くいかない方法を発見しただけだ」と答えていたのだそうです。

つまり、**助手の心は「失敗した」ことにフォーカス**していたのに対して、**エジソンの心は「成功に近づいた」ことにフォーカス**していたのです。

そのエジソンが、電球の発明に成功したのは、あなたもご存じでしょう。

まさにこれが、私たちがセルフイメージどおりの人生を歩むことの証拠です。

セルフイメージ向上は、思い込みから始まる

人は、**自分が信じているセルフイメージのとおりの人生を引き寄せている**のです。

セルフイメージは、言うなれば「虚」です。つまり、物理的実体のない情報です。

自分のことをどう思っているか、自分の可能性をどれだけ信じているかといったセルフイメージ（虚）が、「実」である物理的実体のある現実に影響を与えているのです。

ただし、エジソンが何度も失敗したように、虚（セルフイメージ）を変えるといず

れは実（現実）が変わるものの、そこには「タイムラグ」があります。

セルフイメージとは言うなれば「思い込み」です。

スマホと自己肯定感、意外な共通点

私がよく話す鉄板ネタで「スマホの法則」というものがあります。

「今からたった5分で自分自身に100点をつけられるワークをします。では、皆さん、スマホを取り出してください。5秒カウントするので、ゼロになった瞬間にスマホを叩き割ってください」とお伝えします。

すると、たいていの人はびっくりします。

なぜならば、スマホが壊れたら「情報を仕入れられない」「ゲームのデータが消える」「連絡が取れなくなる」からです。

しかし、私からしたら「15年前、20年前にはスマホなんてなかったんだから、なかったらなかったでいいじゃん」と思うのです。

むしろ、私は**「これがあったら人生もっと楽しくなるはずなのに、多くの人が真っ**

人は、セルフイメージどおりの人生を歩む

実＝物理的実体

例）年収・仲間の数・売上・利益額・顧客数・社員数

すぐに 変わらない、時間的&**物理的** 制限がある

虚を変えると実が変わる！
100%相関関係
しかしタイムラグがある！

虚＝物理的実体のない情報

例）知恵、想像、夢、目標、志

時間的 &物理的制限がない、**自由** に持てる、
時空を超える、 **無限** である、好きなだけ持てる

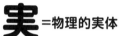

二つに叩き割っているもの」を知っています。

それが、**自己肯定感**です。

想像してみてください。あなたの赤ちゃんが歩けるようになって、幼稚園に入って、あっという間にランドセルを背負って、中学生になってスポーツや勉強を頑張って、高校にも行って、進路に悩みながらも無事に大学へ進学……。

そして、成人式の日、その子がこんなことを言ったら、あなたはどう思いますか？

「私なんて自分に価値ないから。自分なんて30点の人間だから」

きっと、あなたは「何を言っている！　お前は100点だ」と全力で否定しますよね。

それなのに、**多くの人が自分には30点という数字を平気でつけてしまう**のです。

だからこそあなたも、あなたのことを大切に思ってくれて、あなたを愛してくれている人がいっぱいいることを改めて噛みしめてください。

「自分に価値がある」と感じたほうが絶対にいいし、そのほうが人生上手くいくのですから。

自己肯定感・他者肯定感を高めるワーク

思いつくままに書き出す

あなたの自己肯定感と他者肯定感を高めるために、次のワークをしてみましょう。

【Work】自分のいいところを、3分間でできるだけ多く書いてみましょう。

【Work】大切な人のいいところを、3分間でできるだけ多く書いてみましょう。

【Work】自分に備わっているものを、できるだけ多くリストアップしてみましょう。

◉あなたの右腕を1億円で売ってください ➡ 絶対イヤだとみんな答えるでしょう。

（例）耳、口、鼻、手……

◉では、視力を5億円で売ってください ➡ 絶対イヤだとみんな言うでしょう。

だとしたら、あなたはどれくらい高い乗り物に乗っているでしょうか。

あなたは、3000万円のフェラーリなんて目ではない、とてつもなく価値のある「あなた」という乗り物に乗っています。

【Work】これまでに自分が成し遂げてきたことをできるだけ多くリストアップしてみましょう。

「二足歩行ができる」「日本語が話せる」「箸でご飯が食べられる」くらいまでハードルを下げてみましょう。生まれたときにはできなかったことだらけで、あなたが努力して成し遂げたことは数限りなくあります。

【Work】自分の存在価値を、できるだけたくさん書いてみましょう。

例えば、

「昨日ラーメンを食べた」➡「ラーメン屋さんに貢献している」

「今日、電車で来た」➡「鉄道会社に貢献している」

「今、呼吸をしている」➡「二酸化炭素を吐いて植物に貢献している」（笑）

これくらいまでハードルを下げると、存在価値がたくさんあることに気づけるようになります。

【Work】自分の①両親、②祖父母、③曽祖父母の名前と生年月日をすべて書いてみましょう。

※わからない場合は、必ず調べて書いてください。

このワークをすることで、誇りを持つきっかけにつながります。誇りとは、「つながりの中でしか持つことができない自己肯定感」のことです。

そして、自分に誇りを持つことが自己肯定感を高め、また、他者も同じように祖先から脈々と続く命の系譜に連なっていることを知れば、他者肯定感も高まっていきます。

これからの人生で壁にぶつかったり大きな失敗をして、一時的に自己肯定感が下がっても、**「それでも、自分はつながりの中で命を受け継いできた、大切な存在なんだ」**と思えて、また自己肯定感を高めることができます。

セルフイメージを高める10の提案

セルフイメージは、誰でも今日から上げられる

つながる力は、「自己肯定感」「他者肯定感」「相手への尊敬」「感謝」の4つから成り立っているというお話をしました。

自己肯定感と他者肯定感を高めるには、あなたのセルフイメージを高める必要があります。

そして、セルフイメージが高まっていけば、そのセルフイメージどおりに、あなたの会話が変わり、最終的には人生がだんだんとより豊かなものへと変わっていくので

したよね。
それにしても、セルフイメージってどうやって高めればいいんだろう？
そんな疑問を抱いている方もいるかもしれません。
でも、安心してください。
セルフイメージは、誰でも今、この瞬間から高めていくことができます。
ここでは、セルフイメージを高めるための10の提案を紹介していきます。

セルフイメージを高める10の提案

私たちのセルフイメージを高めるには、次の10の提案を実行してみることをおすすめします。

①どういうわけか強運が舞い込む7つのすごい習慣を実践する。
②笑顔と承認を送れる人間になる。
③日常の小さな感謝を忘れない。できるだけ言葉に出して伝える。

④成功者と付き合う。
⑤あなたのセルフイメージを下げる人とは距離を置く。
⑥自分の長所を書き出したノートをつくる。
⑦失敗を乗り越えて成功した人の体験談を聞いたり、伝記や自伝を読む。
⑧身体を清潔に保ち、自分で素敵だと思える服を着たり、小物を身につける。
⑨日々力強い言葉や表情やパワーポーズを行なう。
⑩毎日小さな成功を積み重ねる。

この中でも、特に説明が必要なのが①「どういうわけか強運が舞い込む7つのすごい習慣」ですので、ここではこの項目について詳しく説明したいと思います。

この習慣を実践するだけで、あなたのセルフイメージが高まるだけでなく、どんどん運が良くなっていき、「よき出会い」が生まれやすくなっていきます。

どういうわけか強運が舞い込む7つのすごい習慣

さて、強運が舞い込む7つの習慣を一つひとつ見ていきましょう。

①エネルギーの習慣

まず、1つ目の習慣は**「エネルギーの習慣」**です。

あなたは、パワースポットと呼ばれる場所に行ったことがありますか？

例えば、伊勢神宮にはなぜ多くの人が集まってきているのでしょう。

伊勢神宮に行くと、お金がもらえたり、具体的に何かいいことがあるのでしょうか？

そうではありませんよね。伊勢神宮が人気なのは、伊勢神宮にいいエネルギーが充満しているからです。

それと同じように、いいエネルギーを持っている人のまわりにも、多くの人が集まってきます。

反対に、悪いエネルギー、例えばネガティブな負のエネルギーを持ち続けている人のところからは人が離れていきます。

特に、今の日本は不安、自信のなさ、日常のストレスなどで、エネルギーが低い状態の人が非常に多いのが現実です。ということは、いいエネルギーを持っているだけであなたは突出した人になることができます。

では、そのいいエネルギーはどうやって出すのでしょうか?

実は簡単で、「いいエネルギーが出ている」と意識するだけなのです。

また、「『自分の目は、キラッと輝いている』と意識する」「いつもより少しだけ胸を張って、目線を少しだけ上に保ち、少しだけ大股で堂々と歩いてみる」といった行為もいいエネルギーを出し、人を引き寄せるうえで非常に効果的です。

ぜひ今日から、どんよりとした気分ではなく、明るい気分で生きることを意識してくださいね。

②根拠のない思い込みの習慣

2つ目は**「根拠のない思い込みの習慣」**です。

「私にはできる！」というセルフイメージを持っている人は、いずれはそのセルフイメージどおりの人生を生きるようになっていきます。

人生は思い込みで決まるのです。

エジソンややアインシュタイン、稲盛和夫、スティーブ・ジョブズ……、彼ら偉人たちが共通して持っていたのは「根拠のない思い込み」でした。

私たちが今、電気やパソコン、飛行機などを当たり前のように使えるのも、偉人たちが何度も失敗しても、何度も絶望しても、「できる！」と信じてきたからこそ、なのです。

ですから、根拠のない思い込みでいいので、あなたも毎日「私にはできる！」と思うようにしてください。

それがいずれ、夢から現実に変わっていきます。

③言葉の習慣

3つ目は **「言葉の習慣」** です。

日本には言霊という言葉があります。

言葉には魂のようなものがこもっていて、悪い言葉を使えば、悪い現実が引き寄せられ、いい言葉を使えば、いい現実が引き寄せられる。

あなたが日常的にどんな言葉を使うかで、あなたの人生の質が変わっていきます。

私は二十代後半、うつになり、本当に絶望的な人生を歩んでいました。

ですが、ある本との出会いがきっかけで1年間、ひと言もマイナスな言葉を使わず、いい言葉だけを使い続けました。

その結果、なんと、うつが治ったのはもちろんのこと、すばらしい出会いやご縁がどんどんと舞い込み、仕事もプライベートも弧を描くように上昇し始めたのです。

ポジティブな言葉には、私たちの脳をポジティブにさせ、よい出会いを引き寄せる力があることを証明させた瞬間でした。

ぜひあなたにも、いい言葉を使うように心がけてほしいと思っています。

④表情の習慣

4つ目は**「表情の習慣」**です。

表情も言葉と同じで、私たちの脳にものすごい影響を与えています。

今、試しに笑顔になってみてください。

その状態で人生に絶望できるでしょうか？　できないですよね。

脳は、私たちの本当の思いよりも、私たちがどんな言葉を使って、どんな表情をしているかで、私たちのセルフイメージを理解しようとします。

ですから、笑顔を日常的に使いこなすだけで、エネルギーが上がったり、思い込みが変わったり、人生が変わっていきます。

一日たった1分だけ、タイマーで計って口角を上げ、思いきり笑顔になってみる「スマイルアスリート」というトレーニングを私は提唱しており、これだけで性格が明るくなったという生徒さんが多くいます。

セルフイメージを好転させたければ、まず表情を「望む未来にふさわしい表情」に変えてみましょう。

郵便はがき

料金受取人払郵便

牛込局承認

9092

差出有効期限
令和7年6月
30日まで

162-8790

東京都新宿区揚場町2-18
白宝ビル7F

フォレスト出版株式会社
愛読者カード係

フリガナ お名前	年齢　　　　歳 性別（ 男・女 ）
ご住所 〒 ☎ （　　　） FAX （　　　）	
ご職業	役職
ご勤務先または学校名	
Eメールアドレス メールによる新刊案内をお送り致します。ご希望されない場合は空欄のままで結構です。	

フォレスト出版の情報はhttp://www.forestpub.co.jpまで!

フォレスト出版　愛読者カード

ご購読ありがとうございます。今後の出版物の資料とさせていただきますので、下記の設問にお答えください。ご協力をお願い申し上げます。

● ご購入図書名　「　　　　　　　　　　」

● お買い上げ書店名「　　　　　　　　　」書店

● お買い求めの動機は?

1. 著者が好きだから　　2. タイトルが気に入って
3. 装丁がよかったから　　4. 人にすすめられて
5. 新聞・雑誌の広告で(掲載誌誌名　　　　　　　)
6. その他(　　　　　　　)

● ご購読されている新聞・雑誌・Webサイトは?

(　　　　　　　　　　)

● よく利用するSNSは?(複数回答可)

☐ Facebook　☐ X(旧Twitter)　☐ LINE　☐ その他(　　　　)

● お読みになりたい著者、テーマ等を具体的にお聞かせください。

(　　　　　　　　　　)

● 本書についてのご意見・ご感想をお聞かせください。

● ご意見・ご感想をWebサイト・広告等に掲載させていただいてもよろしいでしょうか?

☐ YES　☐ NO　☐ 匿名であればYES

⑤アクションの習慣

5つ目は**「アクションの習慣」**です。

アクションとは、「仕草」のこと。表情と同じように、暗く落ち込んだ仕草をしていると、あなたのセルフイメージはそれに引きずられて下がっていきます。

ですから、私が最強のアクションと呼んでいる「ガッツポーズ」を実践してみましょう。

実は、ガッツポーズは人間としての本能に組み込まれたポーズです。

楽しいことやうれしいことが起きたときはもちろんのこと、ツラいことや悲しいことがあったときこそ、あえてガッツポーズをすることで、エネルギーが下がりにくくなり、プラスの感情が湧《わ》き出てきます。

つまり、そのアクションが、あなたの脳に働きかけて、それにふさわしい現実を形づくる手伝いをしてくれるようになります。

⑥心の習慣

6つ目は**「心の習慣」**です。

あなたは、植物に「ありがとう」と声をかけて育てた場合と、「馬鹿野郎」と声をかけて育てた場合で、生育にかなりの差があるという研究結果をご存じでしょうか？

現代科学ではまだ完全に証明できていませんが、私たちの心が放っているエネルギーは、外界に影響を与えています。

もう1つ例を紹介しましょう。

売上に困っていて内心嫌々な気持ちで営業しているセールスマンと、心から「この商品を使ってあなたに幸せになってほしい」と思っているセールスマンがいたら、あなたが受け取るエネルギーは同じでしょうか？

心は目に見えないものですが、あなたは無意識のうちに相手の心を敏感に受け取っているはずです。

そのことを踏まえ、何をするにも、心を込めてみましょう。

どんなにつまらない雑用でも、心を込めてやることで、それが他者にいい影響を与えていくはずです。

⑦恩返しの習慣

7つ目は、**「恩返しの習慣」**です。

自分が人から何かをしてもらうことだけを考えるのではなく、まず、「あなたが人にプレゼントする」ということを進んでやってみてください。

そうすることで、あなたのセルフイメージは「他人に何かをしてあげられる、すばらしい人物」のイメージに変わっていきますし、そのセルフイメージに応じて、あなたの利他の精神に惹かれた人々があなたのまわりにやってくることでしょう。

人生は誰と付き合うかで決まる

最後に10の提案のその他の項目も実践してみましょう。

特に、4つ目の**「成功者と付き合う。セルフイメージを下げる人とは距離を置く」**という項目は、説明が必要かもしれません。

セルフイメージを下げる人とは、通称**「ドリームキラー」**と呼ばれ、名前のとおり、あなたに対して「そんなこと無理だよ」「いつまでも夢を追いかけてるんじゃないよ」などのネガティブな言葉を投げかけてくる人たちのことを言います。

そういったドリームキラーたちと一緒にいると、あなたのセルフイメージはどんどん下がっていきますので、なるべく距離を置くようにしましょう。

一方で、尊敬する人やこういうふうになりたいなと思う人に積極的に会いに行ったり、アポを取ってみたりするのがおすすめです。

繰り返しになりますが、人生もセルフイメージも、誰とどう出会うかで変わりますし、誰といるかでも変わります。

「尊敬力」こそ、人間関係の源

縦の関係ではなく、横の関係を重視する

つながる力を構成している4つの力のうち、「相手への尊敬力」もとても大事な力です。相手に対する尊敬は、あらゆる人間関係を良好に維持し、発展させるためにならなくてはならない要素です。尊敬は、良好な人間関係の源であり、礎だと言ってもいいでしょう。

ただ、尊敬について考えるときに、多くの方が見落としがちなのが、**「尊敬すべきなのは目上の人とは限らない」**ということです。

相手が年下、部下、子ども、幼児であっても、誰に対しても尊敬の念を持つことが大切です。

目上に対しても、目下に対しても尊敬の念を抱くということは、「縦の関係」ではなく、「横の関係」を重視するということでもあります。

横の関係では、**年齢や地位、立場、性別などに関係なく、お互いを同じ人間として認め合い、たとえ年齢が大きく離れていてもお互いが信頼し、尊敬し合える**ようになります。

例えば、「子どもを尊敬する」という考えに初めて出会ったとき、私は「子どもを尊敬？　子どもが、大人を尊敬するように教育するのでは？」と違和感を覚えました。

ところが、ある日、私が当時9、6、3歳だった3人の息子を連れて遊びに行ったとき、こんなことがありました。

信号が青になり、いつものように息子たちは、横断歩道の白いところだけを選んで「ちょん♪　ちょん♪」と飛び跳ねながら道路を歩き始めました（皆さんも子どもの頃、やりませんでした？　笑）。

彼らはとても人懐っこいので、すれ違う人にも「ばいばーい」と手を振ったり、ハイタッチをしたり、信号待ちをしているドライバーさんにも笑顔で手を振ります。

するると、横断歩道を渡るおばあさんが「まあ、かわいい子たちだねえ」と笑顔で頭をなでてくださったり、ちょっと強面の大型トラック運転手さんが笑顔で手を振り返してくれたり、その光景を見て、また道路の反対側にいるご家族が微笑んでくれたり……。


横断歩道の白いところだけを選んで飛び跳ねて歩きながら、笑顔でまわりに手を振っているだけで、息子たちの半径15メートルくらいが全員笑顔になっていたのです。

私が今夜、東京・渋谷や大阪・梅田の横断歩道で同じことをしたって、皆さんドン引きするだけで、笑顔にはなってくれませんよね（笑）。

当時、三男にいたっては、日本語すらまだほとんど話せなかったのに、存在だけでまわりを一瞬で笑顔にできている――。

「子どもってすごい！」「そうか、相手が子どもであったとしても、尊敬できるポイントがあるんだ！」と気づかされた瞬間でした。


立場によって背負っている責任の大小はあるかもしれませんが、人間としては対等であり、お互いに尊重し合う。

すべての人が仕事やプライベートでこのような関係を築くことができるようになれば、私たちの人間関係や会話は劇的に変化していくと思いませんか？

ムカつく人をどうやって尊敬する？

横の関係が理想と言っても、中には「とてもじゃないけど、尊敬なんてできそうにない人がまわりにいる」と言う人もいるでしょう。

私も以前、とある会社で働いていたときに、そんな上司がいました。

その上司は、ドラマの中にもこんな嫌なやつは出てこないだろうと思うくらいの人で、どうしたらこんな人のことを好きになれるのかと匙《さじ》を投げたくなるほどでした。

でも、私はこう考えました。

「仮にこの上司と仲良くなることができたら、自分は絶対に世界のどこに行っても誰とでも仲良くなれるだろう」

一念発起した私は、その上司の「好きなところ探し」を始めました。

絶対に好きなところなんて見つからないと思っていた嫌な上司でも、探せば意外と見つかってくるものです。

見る視点を変えてみると、それまで気づかなかった意外な長所がどんどん見えてきました。奥さんから見たらいい旦那さんなのかも、専務から見たらいい部下なのかも、子どもからしたら尊敬できる父親なのかも……などなど。

きわめつけは、私がその上司の名前を呼んで、目を見て笑顔であいさつをしたときでした。ものすごく嫌な上司だった彼が、私がしぶとくあいさつしていると、向こうも目を見て名前を呼んであいさつしてくれるようになったのです……！

最終的には、私とその人は会社を辞めるときに涙でハグして別れるという関係にまでなれました。

どんな人の中にも尊敬できるところは必ずあるということを忘れないでください。

【Work】大切な人の「尊敬できるところ」を、3分間でできるだけ多く書いてみましょう。

【Work】まわりにいる「年下」または「子ども」の尊敬できるところを3分間でできるだけ多く書いてみましょう。

【Work】自分の尊敬できるところを3分間でできるだけ多く書いてみましょう。

※「苦手な人の尊敬できるところ」もぜひやってみてください。

会話上手は「感謝」ができる

「感謝が下手な人」に潜むキーワード

つながる力を高めるためには、「感謝力」を高めるのも大切です。

感謝という言葉に「力」がついて、感謝力。

「なんか不思議な言葉だな?」と思うかもしれませんが、実は、世の中には感謝が上手い人と、感謝が下手な人がいます。

つまり、**感謝が上手い人は「感謝力が高い人」**というわけです。

感謝力が低い人は、素直に感謝を伝えることができません。

むしろ、世間にはこういう感謝力の低い人のほうが多いかもしれません。

では、なぜ他人に素直に感謝を伝えることができないのでしょうか？

その理由は、私たちの脳の中にある**「当たり前ゾーン」**にあります。

私たちの脳の中には、「当たり前ゾーン」という基準になるゾーンが存在しています。

例えば、ここに結婚している男性がいるとします。

この男性が一日中会社で仕事をして、奥さんの待っている家に帰ってきたときに、奥さんが晩ご飯をつくって食卓に並べておいてくれたとしましょう。

男性が食卓に座ると、目の前に置いてあったのは「白米」と「塩」だけ。

さあ、あなただったら、こんなときにどんなリアクションをしますか？

「こんなもん、手抜きじゃないか！」と怒るでしょうか？

それとも、「ありがたい」と思って喜んで食べるでしょうか？

怒るとまではいかなくても、ほとんどの人は呆然《あぜん》とするか、不満を抱くと思います。

私は縁あってカンボジアのある孤児院の支援をさせていただいていますが、この白米と塩を、もしカンボジアの貧しい子どもたちのところに持っていったら、彼らはきっと涙を流して喜んで食べてくれると思います。

つまり、私たちの脳には、食事に関して白米、お味噌汁、お漬物、焼き魚でワンセットといったような**「これくらいのものが当たり前」と思い込んでいる当たり前ゾーンが存在している**のです。それが当たり前であって、それ以下のものが出てくると不満を覚えてしまうわけです。

これが当たり前ゾーンです。

「当たり前ゾーン」を定期的に見直してみる

私は、当たり前ゾーンを常に見直すようにしています。

「これって本当に当たり前？」と常に自分に問いかけるのです。

ですから、妻とは一度も喧嘩《けんか》したことのないくらい仲がいいのですが、「本当に結婚してくれてありがとう」「一緒にいてくれてありがとう」といった言葉を、一般の夫よりも多めに伝えているという自負がありますし、子どもたちにも「今日も元気でいてくれてありがとう」「今日もご飯をいっぱい食べてくれてありがとう」といった、一見当たり前に思えることに感謝の言葉をかけるようにしています。

これらは、当たり前ゾーンの見直しをしていなかったら、普通は出てこない言葉ですよね。

感謝に対する感度を高めて得られる効用

もう1つ、セミナーでよくお話ししていることがあります。

私が「1億円払うので、あなたの右目をもらってもいいですか」「10億円払うので、あなたの右腕をもらってもいいですか」と言うと、みんな嫌だと言います。

当然ですよね。

そう、あなた1人でどれだけ高い乗り物に乗っているんだと考えると、「やっぱり感謝できることっていっぱいあるよね」というところに行きつくのです。

感謝に対する感度を高めていくと、**目の前の人に出会えたことにそもそも感謝の気持ちが湧き上がってきて、態度や言葉も自然と感謝があふれたものになる**でしょう。

すると、たとえ口ベタであったとしても、「いい人だな」と相手が思ってくれたり、目に見える形で会話の質が変わっていきます。

他人に素直に感謝できない、苦手な人は、自分の中の当たり前ゾーンの見直しをしてみましょう。

【Work】今、感謝できることを3分間でできるだけ多く書いてみましょう。

【Work】感謝を表現するために、テーマに沿ってできることや伝えられることを考えてみましょう。

「あいさつ」は、つながる力を高める黄金習慣

人間の好感度は、最初の30秒で決まる

他にもつながる力を劇的に高めてくれる**「黄金習慣」**があります。

つまり、自己肯定感、他者肯定感、相手への尊敬力、感謝力のすべてを同時に高めてくれる、すばらしい習慣があります。

それは、「あいさつ」です。

私は、**あいさつが何より重要な会話力**だと思っています。

人間の好感度や第一印象は、最初の30秒で決まると言われています。

そして、この時間はその後の会話に大きな影響を及ぼすのです。

もし、あなたが誰かにあいさつをしなかったり、適当なあいさつをしたりしたら、相手はどう感じると思いますか？


「この人は自分のことを大事にしていない」

「この人は自分のことを軽く見ている」

「この人は自分に尊敬の念を抱いていない」


きっとそう感じるはずです。

しかし、逆にあなたが相手の目を見て名前を呼んで、笑顔であいさつしたら、それは相手の心にすばらしい反応を呼び起こすことになります。


「この人は自分のことを大事に思ってくれているんだな」

「この人は自分に一目置いてくれているんだな」

「この人は自分に尊敬の念を抱いてくれている」

そう感じることでしょう。

これが、**あいさつの持っている力**です。あいさつは、つながる力を劇的に高めてくれる黄金の習慣である理由がよく理解できたのではないでしょうか？

ぜひ、習慣づくりとして、自分からあいさつすることを心がけましょう。

あいさつの効果を最大化する方法

あいさつとは本来、**「心を開いて、相手に近づく」**という意味の言葉です。

ただの声かけではなく、自分を変えるとともに、まわりの世界をも変えることができる偉大なすばらしい行為なのです。

あいさつをするだけで、相手の存在を認め、承認する（その人の価値を認める）ことができます。

ですから、あいさつを究めると、自己肯定感も他者肯定感も高めることができ、なおかつ、相手への尊敬や感謝を自然に表現することができるようになっていきます。

あいさつの効果を最大化するには、

①「自分から」
②「笑顔で」
③「さわやかな大きな声で」
④「相手の目を見て」
⑤「心を込めて」
＋α「相手の名前を呼んで」

というポイントを意識してみてください。

あなたも、あなたのまわりの世界もだんだんと変わっていくのがわかると思います。

私がおすすめする、あいさつの練習場所は「お店」です。あなたがお客様として店内に入ったときやレジ終わりに、店員さんのあいさつに笑顔であいさつを返してみてください。相手はもちろん、あなたも気持ちいい感覚を覚えるはずです。

第3章のまとめ

◆セルフイメージ向上は、思い込みから始まる。

◆セルフイメージを高める10の提案を、実践できることから始めてみよう。

◆強運が舞い込む7つの習慣とは、「エネルギーの習慣」「根拠のない思い込みの習慣」「言葉の習慣」「表情の習慣」「アクションの習慣」「心の習慣」「恩返しの習慣」。

◆年齢や地位、立場、性別などに関係なく、お互いが信頼し、尊敬し合える「横の関係」を重視すると、あらゆる人間関係を良好に維持し、発展させる。

◆「当たり前ゾーン」を常に見直すと、感謝力が磨かれる。

◆「あいさつ」は、つながる力を高める黄金習慣。

第4章

聞き方を磨くと、弾む会話ができる

大切なのは、「伝える力」よりも「受け取る力」

なぜ会話において「受け取る力」が大切なのか？

会話をするうえでは、「伝える力」よりも「受け取る力」のほうが大切です。

なぜならば、伝える力だけがある状態では、相手がどんな人で、どんなことを求めていて、どういう状態にあるかなどの情報をキャッチすることができず、**どうしても自分勝手で独りよがりな話し方になってしまうから**です。

ですから、受け取る力、つまり**相手の話を聴く力を鍛える**ほうが、結果的に会話の質がグンとアップするわけです。

むしろ、**受け取る力は、会話を行なう際に、必ず持っていなければならない、必須の能力**だと言ってもいいでしょう。

「聴く力」は3種類

受け取る力とは、相手の話を聴く力のことを言いますが、私たちの「聴く」という行為には、実は、**「耳で聴く」「頭で聴く」「心で聴く」**という3つの種類があります。


まず、**「耳で聴く」**とはどういう状態か？

典型的なシチュエーションを挙げると、例えば、あなたが家族と一緒にいるときに、スマホをいじりながら相手の話を何となく聴いているときなどです。

「ねぇ、ちゃんと私の話、聴いてるの？」なんて文句を言われた経験がある人は、たくさんいるのではないでしょうか？　まさに、あれが耳で聴いている状態です。

耳では聴いているけれども、その内容をちゃんと理解しているかと言われると疑問

符がつくわけです。

次に**「頭で聴く」**とはどういう状態かというと、例えば、あなたが部下から「こういうことで悩んでいるんです」と相談を受けたときに、せっかく相談をしてくれているのに、**あなたの価値基準・判断基準という、物さしによって話を聴いてしまう**ことがありますよね。

「ああ、なるほどね。君の悩みはこういうことだろ。わかる、わかるよ。でも、そういうときはこうすればいいんだよ」

「いや、君の気持ちもわかるけどさ、私はこう思うな。君もこういうところをもっとちゃんとしたほうがいいよ」

などなど。

思い当たる節のある方、けっこういるんじゃないでしょうか?

つまり、あなたの中の価値基準、判断基準だけで話を聴いてしまう。

これが頭で聴くという状態なのですが、実際のところ、これをやられると相手は、「自分の話の上っ面だけを聴いていていて、問題の本質を理解しようとしてくれない」

「自分の気持ちに寄り添ってくれていない」

「これじゃあ、ただの意見の押しつけだ……」

というふうに、とても窮屈な印象を受けてしまいます。

心で聴くことを学べば、受け取る力は向上する

それでは、３つ目の**「心で聴く」**とはどんな状態なのでしょうか？

心で聴くとは、**相手と同じ「風景」を心に描き、相手の感情や動作に同調しながら（これをペーシングと言います）、相手と一緒に「心を動かして」聴く**ことです。

例えば、部下が最近ハワイ旅行に行った話をあなたにしてきたとします。

あなたがもしハワイに行ったことがなかったとしても、相手が見てきたのと同じ風景を心に描きながら、相手が楽しそうに笑っているなら、あなたも笑いながら聴き、早口でしゃべっているなら、あなたも相手の話のスピードに合わせてテンポ良く相づちを入れるようにし、相手と同じ感情を抱きながら聴くようにするのです。

これが、心で聴くという状態です。

つまり、相手の目になり、耳になり、心になって聴くわけです。

この心で聴くということができるようになると、あなたの受け取る力は格段に向上するようになりますし、同時に相手とつながる力（自己肯定感・他者肯定感・相手への尊敬力・感謝力）にもいい影響を与えるようになりますよ。

「心で聴く」を鍛える方法

徹底的に相手の感情や動作に寄り添う

前項で紹介した「心で聴く」を鍛えるには、具体的にどうすればいいのでしょう？

心で聴くためには、先ほどもお伝えしたように、**相手と同じ「風景」を心に描きながら聴く**ことが大切です。

そして、のちほど詳しく説明しますが**「ページング」**と呼ばれる技術を用いて、**相手の感情や動作に同調**します。

話をしている相手とイメージをシンクロさせるようにして、心に寄り添おうとするわけです。

これを心がけながら、話を聴いてみてください。

相手が「本当に伝えたいこと」を探る

それから、心で聴くためには、「相手が本当に伝えたいことを探りながら聴く」というのも非常に有効な方法です。

例えば、私の母親は、もう70代なので同じ話を何度も繰り返して話すことがよくあります。

「その話もう4回目なんだけど……」と思うときもあるのですが、そういうときであっても、私は**「母はなんでこの話を4回も話したいのだろう？」**と、相手が本当に伝えたいことを探るようにしているのです。

「よっぽど悔しかったのかな」

「ものすごく悲しかったのかな」

「本当は別のことを伝えたいのかな」

などなど。

そうやって、相手の本当に伝えたいことを探りながら聴いていると、こちらが相手に投げかける言葉もだんだんと変わってくるようになります。

「その話、4回目なんだけど、お母さん、よっぽど腹が立ったんだね」

と私が言うと、母親はハッとして、

「あら、そうだったかしら、そうなのよ。ものすごく腹を立てていたのね、私」

と、**本人も気づいていなかった本当の思いに気づかせる**ことができたりします。

そうすると、相手からすれば、確かに自分の話を聴いてもらったという実感を持てるようになります。

「相手が本当に伝えたいこと、本当に大切にしていることって何だろう?」

そう思いながら、相手の話を聴いてみると、あなたの聴き方自体が変化していき、自然と**相手の話の「根っこ」の部分**を聴くようになるので、結果的に心で聴いている状態に近づいていくわけです。

相手の話に集中できない3つの理由

そうは言っても、私たちも人間ですから、いろいろな要因のせいで他人の話をなかなか集中して聴くことができないことがあります。

他人の話を聴くことができない要因の1つ目は、**「疲労」**です。

疲れているときは、そもそも他人の話をちゃんと聴くことができません。

そして、要因の2つ目は**「そもそも興味がない」**ことです。

自分がまったく興味を持つことができない話は、心で聴くということがしにくいものです。

しかし、**自分が興味のないことでも、「枕詞」を使って質問をし、相手の話に興味・関心を持つだけ**で、心で聴くことは可能です。

例えば私は長年空手をやってきましたが、「ヒロさん、私空手なんてやったこともないのですが、なんでヒロさんが空手をそんなに好きなのか。なんでその型が大切だと思っているのかって、ちょっと知りたいんですけど」なんて言われたら、私は喜んで空手の話をしちゃいます（笑）。

最後に、要因の3つ目は**「頭の片隅で考え事をしているから」**です。

例えば、何か嫌なことがあって、そのことがずっと頭の片隅から離れず、目の前の人の話に集中できない……といったこと、あなたも経験したことがありますよね？

こういうときに、私たちが集中できない最大の理由は、私たちの頭の中にある**「セルフワン」**にあります。

心で聴くことができない要因を客観視する

セルフワンとは、**自分の頭の中にある声**のこと。

他人の話を聴いているときにも、私たちの頭の中では、「この話、いつ終わるのかな」「そろそろ帰りたいんだけど……」など、ずっと自分の声がしていますよね。このセ**ルフワンが、真剣に話を聴くことを妨げているの**です。

ですから、他人の話を聴いているときに、自分が心の中で何を考えているのか、**セルフワンが何を言っているのかを客観視する**ようにしてみましょう。

そうすると、セルフワンがどれだけ集中を邪魔しているかが理解できるようになりますし、セルフワンを意識するだけでも、セルフワンの声は小さくなっていきます。

また、セルフワンを客観視するだけでなく、今まで挙げた3つの要因自体を客観的に見るようにするだけでも、あなたの受け取る力はかなりいい方向に変わっていくはずです。

人生を変える最強の聴き方「ペーシング」を身につける

相手との間に「安心」「信頼関係」を築ける

相手の話を心で聴こうとするときには、「ペーシング」というテクニックを使えるようになるとベストです。

ペーシングとは、傾聴力（人の話に耳を傾ける力）を高めるために必要なテクニックです。

ひと言で言うと、相手のペースに合わせながら、**「相手との間に意識的な共通点を**

つくり出す」テクニックです。

一例を挙げると、

◉子どもを相手に話すときに、同じ「目線の高さ」になって話す。
◉相手の話の「テンション」にこちらも合わせて話す。
◉相手の話のスピードに合わせて「相づち」を打つ。
◉相手と同じような「動き」をする。

などなど。

このように、**相手の動作や感情などに同調する**ことで、非常に短時間のうちに相手との間で、

「安心感」

「信頼関係」

を築くことができるのです。

受け取る力を鍛えたければ、ぜひともこのペーシングというテクニックを身につけ

るようにしましょう。

ページングの種類

ページングをあまりやり慣れていない人は、相手の何に同調すればいいのか、よくわからないと思います。

ここでは、**ページングが可能な相手の行動**をリストアップしますので、自分の会話に導入できそうなものを採用してみてくださいね。

・声のトーン（高い・低い）
・呼吸（速い・遅い）
・テンション
・話し方
・表情（笑顔、楽しそうなど）
・目線の高さ（子どもと話すときなど）

・相づちのスピード
・会話のスピード
・体勢
・身体の動き全体（ミラーリング）
・オーダーする商品（カフェなどにいるとき）
・次に会うときの服装
・趣味嗜好などの話題
・家族構成の話題
・子どもの数や構成の話題
・2人の間に流れている空気
・夢や目標
・過去の共通体験
・「あなたと一緒にいる」という感覚

さて、この中ですぐに導入できそうなものは見つかりましたか？

「身体の動き全体」というのは、いわゆる**「ミラーリング」**と呼ばれる行為で、例えば、相手と一緒にカフェで会話しているとき、相手がコーヒーを飲むタイミングで、自分もさりげなく同じようなタイミングでコーヒーを飲むというふうに、**相手と同じ行為をする**ことで親近感を湧かせるテクニックです。

あまりわざとらしくならない程度に、やってみましょう。

ページングをしてはいけない場合

ページングは、受け取る力を向上させる非常に重要なテクニックではあるのですが、どんなときも、どんな相手にも使っていいというわけではありません。

ここでは、**どんな人、どんな状況ではページングを使ってはいけないのか**について見ていきましょう。

まず、**「テンションの低い人」**にはページングは使わないほうがいいでしょう。

テンションの高い人に使う場合はいいのですが、相手のテンションが低くて、こちらも低く合わせてしまうと、こっちのテンションも下がってしまいますよね。

これでは重苦しい空気になってしまうので、**テンションやトーンが低い人、ネガティブな言葉を使う人**に無理に合わせる必要はありません。

相手が失恋して落ち込んでいるときなどは、こちらは無理せずに落ち着いたトーンで受け止めてあげるほうが、相手は話しやすくなるでしょう。

相手の感情に対する**「共感力」が強い人などは、特に注意**してください。

相手のテンションの低さ、悲しみ、絶望などにペーシングしてしまうと、共感力の高い人は自分も同じような精神状態に落ち込んでしまうことがあります。


それから、**「方言」**もペーシングをしてはいけません。

関西出身ではない人が、相手が関西弁を使ったからと言って、「そうなんや」と方言をペーシングしてしまうと、ものすごく失礼なことになってしまいます。方言まで真似をするのはリスキーですので注意してくださいね。

「相づち」を使い分ける

相づちの効用

会話が上手な人たちは、種類豊かで工夫された独特の相づちを使い分けているものです。

相づちには、実にさまざまなバリエーションが存在しており、それらを上手に使い分けることで、**相手に「ちゃんと話を聴いてもらっている」という安心感を与え、さらには「わかってもらえた」という実感をも与える**ことができます。

そうすることで、お互いの間に強固な信頼関係が築かれるようになります。

相づちは会話に不可欠

例えば、あなたが話をしている相手が、もし一切相づちを打たなかったら、どうでしょうか？

あなたはどんな気分になりますか？

きっと、「この人は私の話を聴いていない」と思うか、あるいはものすごく不安になるかもしれません。

「自分は何かおかしなことを話してしまっているのではないか？」

「自分の話し方には問題があるのではないか？」

「いや、もしかしたらこの人には性格上の問題があるのでは……」

そういった疑念や不安が、あなたの心の中に沸き起こるはずですよね。

相づちを打たないということは、それほど人の心を落ち着かなくさせるものなのです。

また、話し相手が、いつも同じワンパターンの相づちばかり打っていたら、どうでしょうか？

何を話しても「ふーん」としか相づちを打ってこなかったら……？

あなたは、こう思うのではないでしょうか？

「この人は、私の話に全然興味がないんだ。さっきから同じリアクションしかしないし……」

仮に相づちが「ふーん」ではなく、「えぇ」であっても、あなたはいずれ相手に不信感を抱くようになるはずです。

「いつも同じ相づちばかりなんて、心の通っていないロボットみたいだな」

と思うでしょう。

バリエーション豊かな相づちを使いこなす

相づちにはかなり多くのバリエーションがあります。

「はい」という相づち一つ取っても、**「はい」を2回重ねる相づち**もあれば、**長く伸ばす相づち、「はい」と「そうですか」を組み合わせた相づち**などがあります。

また、「はい」や「うん」などの通常の相づち以外に、**「オウム返し」**というテクニックもあります。

例えば、相手が、「つい最近、この証券会社で新ＮＩＳＡの口座を開いたんだよ」という話をしていたら、その会話の中の言葉をオウム返しにするのです。

「新ＮＩＳＡの?」「開いたの?」「どの証券会社?」などなど。

このように相手が言った言葉の一部をオウム返しにすることで、あなたが相手の話をちゃんと聴いていて反応しているという印象を与えることができます。

「えぇ」とか「うん」などの相づちは、ともすれば話を聴いていなくても返せる相づちなので、**話を聴いていることを知ってほしい場合は、オウム返しが有効**です。

相づちを打つときの注意点

ただし、相づちを打つときには、いくつか気をつけなければならないポイントがあります。

まずは、**「なるほど」**の使い方。

オウム返しの活用

「はい」のバリエーション

「はい」「はぁーい」「はいはい」

「はいそうですか」「はいそうですね」

「うん」「ふん」のバリエーション

「うん」「うんうん」「うーん」「うんなるほど」「うんそうですか」

「うぅーーんん」「ふーん↑」「ふーん↓」「ふんふん」「ふぅーーんん」

「ええ」のバリエーション

「ええ」「ええ、ええ」「ええそう」「ええそうですか」

「ええなるほどね」「えーーぇ」


「なるほど」のバリエーション、「なるほど」を足す（※使用注意）

「なるほど」「なぁるほどー」「なるほどなるほど」「なるほどね」

「はいなるほど」「うんなるほど」「ええなるほど」


「そう」のバリエーション、「そう」を足す

「そう」「そーう」「そぉぉ?」「そうよ」「そうそう」

「うんそう」「ええそう」「ああそう」


「そうですか」「そうですね」のバリエーション、「そうですか」「そうですね」を足す

そうですか」「そうですかーなるほど」「はいそうですね」

「うんそうですね」「ええそうですか」「そうですかそうですか」

「そうですねそうですね」「そうですよね」

その他

「なんと!」「ですよね〜」「うそ〜」「わかります」

「マジ?」「ほんとですか」「すごい!」

なるほどという言葉は、もともと、目上の人間が目下の人間に使う相づちでした。そのため、**目下の人が目上の人に対して使うのは、本来は失礼なこと**なのです。

ですから、「なるほど」を2回重ねて「なるほど、なるほど」などというのは、相手によってはバカにされていると感じるかもしれませんので要注意です。

なるほど以外にも、**「はいはい」などの2回重ねは失礼に当たることもある**ので気をつけてくださいね。

それから、**相づちのスピード**にも気をつけましょう。

相手が立て板に水のごとくスピーディに話しているのに、ゆっくりと間延びした相づちを打つと、相手の話の腰を折ってしまい、不快感を与えてしまうことがあるので注意したいものです。

リアクションで効果を発揮する「は行五段活用」

あの人気タレントも使っている、会話テクニック

私たちの受け取る力を向上させるためのスキルとしては、**「は行五段活用」**があります。

は行五段活用とは、

「はぁ～！」

「ひぇ～！」

「ふぅ〜ん！」
「へぇ〜！」
「ほぉ〜！」

という大きなリアクション（相づち）のことです。いずれも語尾を上げます。

世の中の聞き上手と呼ばれる人たちは、言い換えれば**「話させ上手」**です。相づちなどのリアクションによって、相手が気持ちよく話したいことを話せる状況をつくり出しているからです。明石家さんまさんやマツコ・デラックスさんを想像していただくとわかりやすいかもしれません。

は行五段活用の技術を磨くと、**相手がより楽しく、積極的にさまざまな話題を話してくれる**ようになっていきますから、ぜひ習得してください。

「は行五段活用」が会話を盛り上げる

なぜ、は行五段活用のような大げさなリアクションが時に有効なのでしょうか？

「話す」は「放す」でもあるという考え方があります。

こちらが相手の話をしっかりと受け止めていくことで、**相手が心の中のさまざまな思いを「解放」して楽しくなったり、気が楽になったり**して、互いの関係が深まりやすくなるからです。話をして思いを解放するから、「話す」は「放す」なのです。

は行五段活用は、大きなリアクションですので、特に相手が楽しい話をしているときのリアクションとして非常に使いやすいですし、相手の盛り上がっている気持ちに同調するので、会話が盛り上がりやすくなります。

「は行五段活用」の注意点

とはいえ、は行五段活用にはいくつかの注意点があります。

まず、**相手が目上の場合には、いきなり使わない**こと。

会ったばかりの目上の人間に対して、やたらとは行五段活用を使っていると、「なんだか大げさなやつだな」「わざとらしいやつだな」と、引かれてしまうこともあるからです。

そのため、目上の人に対して使う場合は、**相手がとても楽しそうに話している話題のときや、うれしそうに話している話題のときに使う**ようにしましょう。

そういうとき、相手をよく観察してください。いつもより目が輝いているとか、声のトーンが上がったとか、急に早口になったとか。

そんなタイミングを**「ホットポイント」**と呼びますが、は行五段活用は、まさにホットポイントで使うようにしましょう。

目上の人が、「自分の趣味のことや自分の業績のことなどを興奮してしゃべっているな」「今がホットポイントだな」と思ったら、「は行五段活用」を使って大きくリアクションしてみましょう。かなりの高い確率で、相手は喜んでくれますよ。

もし、あなたが自分の趣味のことを楽しそうに話しているとき、相手が大きなリアクションをしてくれたら、どう思いますか？

うれしいですよね。それと同じことです。

また、**は行五段活用は、子どもたちとの会話にもとても有効**ですので、子どもたちと話すときにぜひ使ってみてくださいね。

相手の興味・関心に、興味・関心を持つ

「聴く力」がダウンする3つのタイミングの中でも一番問題なのは？

これまで、私たちの他人の話を「聴く力」が著しく低下してしまうタイミングがあるという話をしましたよね。

1つ目は、私たちが「疲れている」とき。

2つ目は、相手の話に「興味・関心」がないとき。

3つ目は、頭の片隅で考え事をして、セルフワンが邪魔しているとき。

1つ目の疲れているときに関しては、とにかく意識をしっかり持って相手の話に集中するか、あるいは、疲れているときには重要な相手と話をするスケジュールを組まないなどの対処をするしかありません。

3つ目の場合も、自分の意識を変えて、相手の話をよく聴くように心がけていれば、だんだんとしっかりと傾聴できるようになっていきます。

しかし、**問題は2つ目の相手の話に「興味・関心」がないとき**です。

これを克服する際には、まず前提となる考え方が重要です。

人間は自分の聴きたい話しか、聴きたくない生き物

私たち人間は、基本的に自分の聴きたい話だけを聴こうとします。

聴きたくない話は聴きたくないし、聴きたい話だけを脳が取捨選択して聴こうとし

ます。

例えば、ニュース番組を観ているとき、あなたの興味のない話題もたくさん流れてきます。そのいちいちすべてに反応していたら、どうなるでしょうか？

脳も心もヘトヘトに疲れてしまいますよね。

人間の脳は自分興味・関心のない情報は、自然とシャットアウトするようにできているのです。

ですから、誰かと話をしているときに、相手がこちらのまったく興味がないマニアックな分野の話や、専門用語が飛び交うような話をし始めると、当然ながら脳がそれらの情報をシャットアウトしようとしてしまうのです。

そうして、自然に、相手の話がちゃんと聴けない状態になってしまうわけです。

興味・関心を持てない話題への対処法

それでは、こちらが興味を持てない話題を相手がしているときには、どうすればいいのでしょうか？

相手の興味・関心を持てないときの対処法は、

「相手の興味・関心に、興味・関心を持つ」

しかありません。

少なくとも、**相手の興味・関心に、興味・関心を持てるように努力する**のです。

相手がこちらの興味のない話題をし始めたら、まず、あなたの脳が拒絶反応を起こします。

「あぁ、この話題、興味ないな」

と、脳が判断すると、途端にあなたは傾聴が難しい状態に陥ってしまいます。

しかし、そこで踏ん張って、**「いや、興味・関心を持ってみよう」「なぜこの人は、それがそんなに好きなのかな」「この人は、なぜそれを頑張っているのかな」と自分の意識を引き戻して**みてください。

1人でこのトレーニングをするのはちょっと難しいので、協力してくれる人とペアになってワークをするのもいいでしょう。

例えば、ペアになってお互いのマニアックな話題を話し合ってみるとか、互いの話題に興味・関心を持って話を聴くようにします。

それを繰り返していると、あなたの意識が段々変化していき、興味・関心のない話題にも興味・関心が持てるようになっていきます。

その1つの具体的な対処法として、「○○って、どんなことなんですか?」とあえて素人目線から相手に質問してみる手もあります。

枕詞に「勉強不足で恐縮なんですが」といった言葉をつけて、その分野の基本知識を教えてもらうという姿勢で質問を投げかけると、相手は意外と気持ちよく、親切に教えてくれるものです。ぜひ試してみてください。

「横の関係」が人間関係を変える

「縦の関係」が及ぼすデメリット

人間関係には、「縦の関係」と「横の関係」があります。

日本は、基本的に縦社会なので、縦の関係を意識して生きている人のほうが多いようです。

いわゆる、「縦社会」というやつですね。

かつて江戸時代までの日本では、基本的に厳格な縦社会があったので、お殿様の顔も見ちゃいけない、普通に口を利いてはいけないというくらいでした。

この名残があるのか、現在でも日本は縦の関係が優勢です。

例えば、会社組織の中でも、経営陣はすごく偉くて、意見するのも難しいというような風潮がある会社が少なくありません。

また、上司というだけで、「なんだか自分の意見を言いにくいな」と感じてしまう人も多いのではないでしょうか？

この目上の人を敬う、尊敬する、大事にするという縦の関係は、やりすぎてしまうと大きなデメリットが生まれてきます。

それは何だと思いますか？

そのデメリットとは、**「自己肯定感が下がる」**ことです。

真の人間関係は、横の関係から生まれる

縦の関係をやりすぎてしまうと、その関係の中で下位に位置している人たちの自己肯定感はどんどん下がっていきます。

「自分の意見なんてたいしたことはない」
「上司の言うことをとにかく聞かなければ」
「会社の言うことは絶対なんだから、逆らうべきじゃない」

こんなことを日常的にずっと考えていたら、あなたの自己肯定感は上がっていくわけがないですよね。

むしろ、どんどん下がっていって、

「自分なんてたいしたことはない」
「組織の中の歯車の一つに過ぎない」
「波風立てずに生きていこう」

こんなふうに、自分の「個性」を殺して生きていく、自己肯定感の低い人になってしまいます。

そして、あなたが会話において、こういった**「縦の関係」を重視する人だとすると、**

あなたと話をする人もまた自己肯定感が下がってしまうのです。

想像してみてください。

あなたが、部下と一緒に食事をしているときに、常に「縦の関係」を意識させるような態度で話していたら……？

その部下は、きっと自分を押し殺して、あるいは押さえ込んで、あなたの前ではずっと「部下」としての自分しか見せないでしょう。

そういう関係を常に押しつけていたら、部下の自己肯定感はどんどん下がっていくはずです。

思い出してほしいのですが、自己肯定感は「つながる力」を構成する大事な4つの要素のうちの1つですから、自己肯定感を下げてしまうような会話をしていたら、会話の質自体が下がってしまいます。

相手を主役にする会話、3つのステップ

私が本書を通してずっとお伝えしているコアメッセージは、**「会話は相手が主役」**

です。

相手が主役の会話ができれば、あなたはいい会話をつくることができます。

仮にあなたが口ベタだったり、あがり症だったりしても、です。

ただ、相手を主役にするためには、次の3つのステップを踏む必要があります。

①関係づくり

②場づくり

③会話づくり

この3ステップです。

関係、場、会話の3つの分野で、相手が主役になるような状況をつくり出すと、相手が主役の会話が実現します。

そして、この「関係づくり」というステップにおいて重要なのが「横の関係」づくりです。

「横の関係」づくりのコツ

それでは、横の関係をつくるにはどうしたらいいのでしょうか？

横の関係といっても、極端にフレンドリーになったり、馴《な》れ馴《な》れしくしたりする必要はありません。

相手への敬意、尊敬の念を持ちつつも、自分たちは人間として対等なんだという意識を持って、**親しみを抱けるような態度を取るという意識を持つ**ことが大切です。

目上の人に対しても、目下の人に対しても、そういった意識を持って接してみてください。

あなたが、そういう意識を持って接していれば、相手も必ずあなたの気持ちに応じる形で、自然と横の関係を築く手伝いをしてくれるようになるはずです。どんな人が相手であっても、横の関係を築くことを意識してみましょう。

「会話上手は聴き上手」の真意

相手といい関係をつくる2つの極意

ここでは、相手を主役にする3ステップの1つ目の「関係づくり」についてさらに詳しく説明します。

相手といい関係づくりをするための極意は2つあります。

◉聴き上手になる（聴く力を向上させる）

◉ほめ上手になる

この2つです。

まずは、一番目の「聴き上手になる」から説明しましょう。

基本的にはこれまでにお話ししてきた「心で聴く」と「ページング」を活用できるようになれば、聴き上手になることはできます。

ただ、ここではあなたが**聴き上手になるための「マインド」**について、もう少し掘り下げて説明しておきたいと思います。

初対面で一番心がけるのは「聴き上手」

私はこれまでの人生で、数多くの会話の達人に出会ってきました。それだけでなく、会話に関する膨大な著作を読んできました。

古今東西の多くの会話の達人たちが、みな口を揃えて主張していることがあります。

それは、

「会話上手は聴き上手である」

ということです。

これはまさに会話における真理だと私も思います。

かく言う私も、会話において最も重要視しているのは「相手の話を聴くこと」です。

そう言うと、ふだんの私を知っている人からすると「えー!?」とびっくりされるかもしれません。

なぜならば、私は、例えば居酒屋に大勢で行ったときなんかも、そこの店員さんと初対面なのにすぐ仲良くなってしまうくらい、いわゆるコミュ力が高いからです。

生徒さんたちからも、「先生、よくそんな初対面の人と仲良くなれますね」と驚かれるくらいです。

確かに、そんなときの私は初対面の人とよく話しています。

だから、その私を見ているまわりの人からすれば、私が「聴くことを重視している」ようには見えないかもしれません。

でも、そんなときでも、私は聴くことを重視しています。

相手の話をよく聴いていなければ、相手が主役の会話はできませんから、会話自体が上手くいきませんし、初対面の人と仲良くなんてなれるわけがありません。

会話が上手な人は、表面的にはペラペラとよくしゃべっているように見えるかもしれませんが、実はちゃんと**「よく相手の話を聴いている」**人たちなのです。

人の頭には、なぜ耳が2つついているのか？

会話において「聴くこと」の大事さを知り、実際に相手の話をよく聴くということを実践することができれば、大げさに聞こえるかもしれませんが、人生の勝利者になることができます。

それくらい、聴くことは大事なことなのです。

人の話を聴かずに、会話を円滑に行なうことは不可能ですし、相手を楽しい気持ちにさせることはさらに不可能です。

お釈迦様は、あるとき、次のようなことを言ったそうです。

「なぜ、人間には口は1つしかないのに、耳は2つあるのか。それは、**話すことの2倍、人の話を聴かなければいけないからだ**」

私はこの話を聴いたとき、「なるほど」と腑《ふ》に落ちるとともに、「さすが聖人だな」と思いました。

聖人の**「聖」**という字をよく見てください。

王様という漢字の上に、「耳」と「口」が載っていますよね。

つまり、**人を導く存在は、口だけでなく、よく人の話を聴く耳を持っている**ということなのだと思います。

イエス・キリストやお釈迦様など、聖人と呼ばれた人たちは、よく人の話を聴く人たちだったので、彼らのまわりには大勢の人が集まってきていたのでしょう。

彼らは、間違いなく会話の達人だったはずです。

聴き上手になるトレーニング

人の話を「聴く」ということが、会話の土台であるということ、人の話を聴かなければ、相手が主役の話し方はできないということを理解したら、聴く力をアップさせるためのトレーニングをしましょう。

具体的には、139ページで紹介した「心で聴く」ことと、145ページで紹介した「ページング」の両方を練習してみましょう。

この2つができるようになってくれば、自ずとあなたの聴く力はどんどん上がっていくようになります。

人間関係づくりの要諦「ほめる」技術

生き上手のワザ

「関係づくり」において重要な要素の2つ目として、先ほど「ほめ上手になる」とお伝えしました。

「ほめ上手は生き上手」という言葉もあるように、相手が喜ぶようにほめ、相手のいいところを認めることができる人は、あらゆる人から好かれる人間関係を構築することができます。

ほめマスター初級編

あなたが「ほめ」のスキルが低く、ほめをこれから習得しようと考えているならば、まずは初級から始めましょう。なお、ここでご紹介するテクニックは、私の個人的なバイブルであり、私の生徒の皆さんにもおすすめしている書籍『話すより10倍ラク！聞く会話術』（西任暁子・著／ディスカヴァー・トゥエンティワン／2015年1月刊）の中で紹介されている「ほめ方」をベースに私のほうでアレンジさせていただき、生徒の皆さんにお伝えしているものです。

初級でトレーニングするのは、3つの方法です。

①人と違うところ、こだわりを見つけてほめる。
②魔法の言葉「素敵」を使う。
③「素敵」を別の言葉で言い換える。

まず、一番目ですが、**相手のファッション、趣味、知識、経験、住まい、特技**などを見て、人と違うところや、その人がこだわっているところなどが見つかったら、そこをほめます。これは、かなり簡単にできますので、積極的に実践してみてください。

次に、ほめるときに**「素敵」**という言葉を使ってほめてみます。素敵という言葉は、魔法の言葉で、男女共に言われると「うれしく」なるものです。

ただし、素敵という言葉を多用していると、「この人は素敵としか言わないな」と思って相手が冷めてしまいますから、それを別の言葉に言い換えてみましょう。

例えば、**「おしゃれ」「かっこいい」「上品」「センスがいい」「きれい（容姿には使わない）」「貴重」「感動的」「感激」**などなど。

ほめマスター中級編

初級の内容を日頃から心がけているだけでも、あなたのほめスキルはかなり上がっていくようになります。続いて中級編に進みましょう。中級編のプロセスも3つです。

①感情の変化を伝えてほめる、感謝する
②2倍返しほめ「むしろ」
③陰褒め・陽口《ひなたぐち》

1つ目の「感情の変化を伝えてほめる、感謝する」というのは、あなたが誰かに何かをしてもらったり、物をもらったりした場合に、そのこと自体をほめたり、感謝したりするだけではなく、**「それをしてもらったり、物もらったりしたことで、自分の感情がどう変化したか」を付け加える**ようにします。

例えば、あなたがプレゼンをすることになったとき、そのプレゼンが無事に終わったあとに、同席していた先輩に対して、

「今日、緊張していたんですが、○△さんがいてくださったので安心してプレゼンできました」

と言ってみると、+αの喜びを相手にプレゼントできますよね。

また、誰かがおしゃれなポケットチーフを胸に挿していたら、

「私もポケットチーフを使いたくなりました。ありがとうございます」

こんな感じで、自分の感情や行動にどんな変化が起きたかを一緒に伝えるわけです。

2つ目の「2倍返しほめ『むしろ』」とは、誰かからあなたがほめられたときに、**「むしろ」という言葉を使って相手をほめ返すテクニック**です。

例えば、誰かがあなたに「先ほどのプレゼンとてもよかったですよ」とほめられ、その人もプレゼンをしていたのなら、「ありがとうございます。○○さん（相手）のスピーチのほうがむしろ私は感動しました」と伝えるのです。

3番目の「陰褒め・陽口」は、**「陰口を叩く」とは逆のことをする**ということです。

相手がいない場所でこっそり相手をほめる、または、AさんがBさんのことをほめていたのを聞いたら、あとでBさんに「Aさんがあなたのことをほめていたよ」と伝えるなどです。

ほめマスター上級編

上級者が習得すべきは、**「相手が謙遜《けんそん》したとしてもほめる」**です。

「いえいえ、自分はそんなたいした人間じゃありません」と言われたとき、ほとんどの人は、その後も何度かほめますが、最終的には謙遜に押し切られてしまいます。

しかし、そこでこう言ってみましょう。

「そう思った私の気持ちを受け取ってもらえませんか？」

すると、謙遜していた相手も、「そうか、そんなにほめてくれるのか」と素直に受け取ってくれるようになることが多いでしょう。

また、**相手をほめるときは、主語を意識する**ようにしましょう。

「あなた」を主語にしてほめる（YOUメッセージ）よりも、**「私（I）」、または「私たち（WE）」を主語にしてほめる（Iメッセージ、WEメッセージ）**ほうが、はるかに効果的です。

例えば、「○○さん、すごく頑張っていますね～」はYOUメッセージですが、この場合、本人がそう思っていない場合は、素直に受け取ってもらえないことがあります。

しかし、「私のまわりで○○さんほど頑張っている人は見たことがないです」とI

メッセージにしたり、「私たちみんな、〇〇さんがすごく頑張っていると思ってますからね」とWEメッセージにしたりすると、とたんに相手は受け取りやすくなるのです。

誰かをほめるときには、ぜひ「主語」を意識するようにしてみてくださいね。

ちなみに、ここまで説明した、ほめるという行為はすべて、「人そのもの」を対象にしています。

一方で、**叱るときは「人」ではなく、「行動」に焦点を当てる**と効果的です。

例えば、「Aくん、何やっているんだ。何度も言っていることなのに」ではなく、「いつもは整理できているのに、今回はAくんらしくないな。次回は頼むよ」と、その人そのものを叱るのではなく、行動に対して叱るように心がけてみてください。

会話の「内容」より「場づくり」を重視する

会話上手は、場づくりを制す

相手を主役にする3ステップの2つ目は、「場づくり」です。

会話が上手な人は、まず、上手く話せるかどうかよりも、「上手く話せる場」をつくるようにしています。

誰しも、「相手と何を話せばいいのだろう……?」と不安になることがあると思います。でも、実は、会話の内容よりも、自分と相手が安心して話ができる**「その場の雰囲気」をつくる**ことのほうがよほど大切です。

場づくりの上手い人は、会話をスムーズに進めることができ、自然に相手を主役にすることができます。

場づくり4カ条――その①「尊敬と感謝」

これから会話を円滑に進めるための場づくりを学んでいきたいと思いますが、場づくりには「4カ条」があります。一つひとつ見ていきましょう。

場づくり4カ条の1つ目は、「尊敬と感謝」です。

これは、つながる力を構成する4つの力のうちの2つでもありますね。

相手への尊敬や感謝の念がなければ、あなたとその相手の間にできる場は、ネガティブなものになってしまいます。

相手も、「あぁ、この人は自分に対する敬意がないんだな。感謝の気持ちもないんだな」と思ってしまいますし、そうなったら、せっかくの場の雰囲気も台無しになってしまいます。

小手先のテクニックで場を良くすることはできません。

まずは、**相手への尊敬と感謝の念を抱く**こと。これが、場の雰囲気を和ませてくれます。

場づくり4カ条――その②「目線を合わせる」

次は、「目線を合わせる」ことを意識しましょう。

あなたは、目の前にいる会話の相手が、あなたとあまり目線を合わせてくれなかったら、どう思いますか？

何だか信用できない、怪しい人物に思えるんじゃないでしょうか？

もしくは、あなたのことが嫌いなのか、何か気に入らないことでもあるんじゃないかと勘ぐってしまいますよね。

目線が合わないと、誰もが不安になるものなのです。

ですから、目線を合わせるように心がけましょう。

ただし、どんな目線でもいいというわけではありません。

怒ったように睨《にら》みつけるように目線を合わせたらダメですし、**どよーんとした生気のない目を向けてもダメ**です。

かといって、あまりにも**眼光が鋭い目**も、相手に威圧感を与えてしまいます。

それでは、どうしたらいいかというと、**自分の目の中に「光」が宿っているという意識を持って、優しい穏やかな目を向ける**のです。

そういう目線で常に相手のことを見るようにしてみてください。

場の雰囲気がそれだけでグンと良くなりますよ。

また、**他人の目を見るのが苦手という人は、相手の顔全体を見るようにする**といいでしょう。

場づくり4カ条——その③「自分から話しかける」

次は、「自分から話しかける」ことをしてみてください。

多くの人は、「相手から話しかけられたら会話を続けられるけど、自分から話しかけるのはちょっと苦手……」と思っているようです。

しかし、いい場の雰囲気をつくりたければ、自分から話しかけることが大切です。

なぜならば、最初のあいさつの良し悪しで場の雰囲気が左右されるからです。

はじめに、**あなたのほうからあいさつ**をしてみましょう。

そのとき、暗い目線や暗いトーンではなく、**優しく穏やかな目線で、語尾に「音符」がついているようなトーン**であいさつしてください。

そうすると、そのあいさつをきっかけにして、とてもいい雰囲気ができあがるようになります。

何を言ったらいいかを気にする必要はありません。

それよりも、「どう言うか」を気にしましょう。**どんな目線で、どんなトーンで言うのか？**　なぜならば、それが場をつくるからです。

場づくり4カ条――その④「身体の表面積を使う」

4カ条の最後は、「身体の表面積を使う」です。

「身体の表面積って何？」と思うかもしれませんが、あなたはこんな人に会ったことはありませんか？

あなたと話をしているのに、身体が横を向いたままで、たまにこちらのほうを向いてくれるけれども、いつも斜めになっている。

もし、そんな人と会話することになったら、あなたはどう思うでしょうか？

「きっと自分にあまり興味がないんだな」

「自分のことを尊重してくれていない人なんだな」

と思うでしょう。

身体の表面積、つまり、**身体の前の部分を相手に見せて話す**ということは、実はとても大事なことなのです。

１００％、胴体の全面を見せる必要はありません。

ただし、**できれば70〜80％くらいの面積は相手に向けて話す**ようにしましょう。

いかがでしたか？

場をつくるための４カ条、ぜひ実践してみてください。

質問・リアクション上手になるコツ

「相手が主役」の必須スキル

相手を主役にするための3ステップ、3つ目は「会話づくり」でした。

会話づくりで気をつけるべきなのは、「質問」と「リアクション」です。

繰り返しになりますが、会話力の高い人というと、「多くの話題を楽しく提供できる人」と思われがちですが、「会話は相手が主役」の原則に立ち返ると、相手に楽しく話してもらうことと、相手の話をどれだけ受け止めることができるかが最も大切です。

そして、そのためには「質問上手」「リアクション上手」になる必要があります。

リアクション上手になる方法については、**「ペーシング」「相づち」「は行五段活用」**ですでに解説しましたので、そちらを参照してください。

質問マスターになるための3つのポイント

それでは、質問力を磨いて質問マスターになるにはどうしたらいいのでしょうか？
ポイントは3つあります。

①オウム返し
②意図・感想を加えて質問する
③「素敵」という言葉を使う

1つ目のオウム返しとは、相手が言った言葉を繰り返してから、質問をする技術。
あなたが相手に職業を聞いて、「営業です」という答えが返ってきたときに、そのままオウム返しせずに「どんなものを扱ってらっしゃるんですか？」と質問してしまうと、相手は何だか尋問を受けているように感じます。

しかし、相手が「営業です」と答えたあとに「営業なんですね。どんなものを扱っていらっしゃるんですか？」と、**質問前にオウム返しを挟むことで印象がソフトになります**。

これと同じ効果が、２つ目の意図・感想を加えて質問するという方法にもあります。例えば、相手が自分の職業を「営業です」と答えた後に、「営業なんですね。だからお話ししやすい雰囲気があるんですね。どんなものを扱っていらっしゃるんですか？」とすれば、ただ質問を投げかけ続けているという印象はかなり和らぎます。

３つ目の「素敵」は、ほめマスターのところに出てきたテクニックですが、質問をするときにも使えます。

例えば、相手の職業を聴くときに、「スーツがとても素敵ですが、どんなお仕事をされているんですか？」と尋ねることで、相手も答えやすくなります。

質問をする際に気をつけたいポイント

質問マスターになるためには、質問にはＮＧな質問があることを知っておく必要があります。**ＮＧな質問の仕方**は、５つあります。

①上から目線の質問はＮＧ
②卑屈な態度での質問はＮＧ
③いきなり踏み込んだ質問はＮＧ
④枕詞がない質問はＮＧ
⑤年齢、結婚、子どもの学歴、宗教・信条、政治、年収の質問は基本的にＮＧ

一番目、上から目線の質問がダメなのは当然として、卑屈な態度で質問するのもＮＧな理由は、「私なんかがこんなことを伺うのはどうかと思うんですけど」と、あまりにもへりくだった質問の仕方をすると、相手がイライラしてしまうからです。

④の枕詞がない質問とは、聞きたいことをただ聞いているだけの質問のこと。なぜ、それを質問したいと思ったのか、なぜ興味を持ったのかなどについて、軽い枕詞を挟むだけでも、相手に押しつけ感を与えず、スムーズに会話が進むようになります。

第4章のまとめ

◆「伝える力」よりも「受け取る力」を重視すると、会話の質が上がる。
◆「聴く力」は、「耳で聴く」「頭で聴く」「心で聴く」の3種類。
◆「ペーシング」で、相手との間で「安心感」「信頼関係」を短時間で築くことができる。
◆豊富なバリエーションがある「相づち」を使い分けると、相手に「安心感」や「聴いているよ」という雰囲気が伝わる。
◆「は行五段活用」の大きなリアクションが会話を盛り上げる。
◆相手を主役にする会話、3つのステップとは、「①関係づくり」「②場づくり」「③会話づくり」。
◆会話上手が重視しているのは、「内容」より「場づくり」。

最強相づちのあいうえお

コミュニケーションでは相づちが大切、と学びましたが、相手との会話で積極的に使いたい相づちや受け答えの五十音をご紹介します。ぜひ会話に取り入れてみてください。

- あ ありがとう
- い いいですね
- う うれしいです
- え 笑顔が素敵です
- お おもしろいです
- か 感動しました
- き 期待しています
- く (お)詳しいですね
- け 経験が違いますね
- こ こんなの初めてです
- さ さすがです
- し 幸せです
- す 素敵です・すごいです
- せ 説得力があります
- そ そんなことまで
- た 頼りになります
- ち 力になります
- つ 使いたいです
- て 天才ですね
- と 友だちになってください
- な なるほど
- に 似てますね
- ぬ 抜かりないですね
- ね 熱心ですね
- の 伸びてますね
- は 早いですね
- ひ 評判ですよ
- ふ プロですね
- へ 勉強になります
- ほ ほしいです
- ま 学びたいです
- み 見事ですね
- む 夢中になりました
- め 珍しいですね
- も モデルにしたいです
- や やりましたね
- ゆ ユニークですね
- よ よくご存じですね
- ら ラッキーです
- り 理解しやすいです
- る 類を見ないほど素敵です
- れ 冷静ですね
- ろ 論理的ですね
- わ わかりやすいです

第5章

「自信がない」人でも好かれる会話の極意

「クセ」を変えると、会話がみるみる上達する

クセは理性では抑えられない

人間には、長年にわたって身につけてしまった考え方や、行動の「クセ」が存在します。

このクセの持っている威力は凄《すさ》まじいもので、理性で抑えようと思ってもなかなか抑えることはできません。

クセと聞くと、あなたはついついいつもやってしまう仕草のことを思い浮かべるかもしれませんが、ここで私が問題にしているのは**「思考のクセ」**のことです。

この思考のクセを変えなければ、本書で私が紹介したつながる力を強くする方法について理解したとしても、それを自分のものにすることはできないでしょう。

「思考のクセ」をつくっている真犯人

私たちの思考のクセは、いったいどうやってつくられているのでしょうか？

例えば、あなたの心の中に「自分はダメなやつだ」と繰り返し考えてしまう思考のクセがあるとします。

そのクセは、いったい誰がつくったのでしょうか？

過去のある時点で、親御さんに「お前はダメなやつだ」と言われたから？

それとも、学校の先生に同じようなことを言われたことがあるからでしょうか？


人間は、**一番身近な存在、自分に近いところにいる人からの言葉に最も強く影響を受けてしまう**ものです。

仮に、あなたがまったく名前も知らないような、通りすがりの人に、「お前はダメなやつだ」と言われたとしても、そんな人の言うことを真に受けるでしょうか？

ほとんどの場合、真に受けないですよね。

なぜかと言えば、その人は、あなたの身近な存在ではないからです。

言葉は、身近な存在からかけられたものほど、強い影響力を持ちますから、通りすがりの名も知らぬ人から何を言われようが、へっちゃらです。

一方で、あなたのお母さんに同じことを言われたら、あるいはお父さんに言われたらどうでしょう。または、自分の妻や夫に「あなた（君）はダメなやつだ」と言われたら？

彼らは身近な存在ですから、相当傷つきますし、ものすごい力で心に爪痕《つめあと》を残します。

それでは、先ほどの「自分はダメなやつだ」という思考のクセは、そういった自分の身近にいる親族にかけられた言葉が原因で生まれたのでしょうか？

実は、そうではないのです。

なぜならば、彼らは、あなたにとって「最も身近な存在」ではないからです。

あなたにとって、最も身近な存在とは誰か？

それは、**あなた自身**です。

あなたが誰かに「お前はダメなやつだ」と言われたとします。

そのとき、あなたが心の中で「そのとおりだ、自分はダメなやつなんだよな」と、その言葉を受け入れてしまったとしましょう。

すると、あなたにとって最も身近な存在である「あなた自身」がその言葉をあなたに投げつけることになるので、とてつもなく凄まじい力であなたの心に影響を与えてしまうのです。

こんなことを日常的に繰り返していたら、どうなると思いますか？

あなたの最も身近な存在であるあなた自身が、あなたを否定し続けていたら？

やがては、それが「思考のクセ」となって心に定着してしまいます。

つまり、**私たち自身こそが、私たちの思考のクセをつくり出している真犯人**なのです。

日常を変えるための3つのポイント

私たちの思考のクセをつくり出してしまっているのは、自分自身。

それならば、その凝り固まってしまったクセを変えるために、どうしたらいいのでしょうか?

これから紹介する3つのポイントを実践してみてください。

①自分への問いを変える。
②語尾に音符をつけて話す。
③笑顔の特訓をする。

1つ目の「自分への問いを変える」から見ていきましょう。

人間の脳は、質問されるとパッと質問に答えようとする、という特性を持っています。

例えば、「昨日の夜何食べた?」と聞かれたら、私たちは反射的に昨日の夜何を食べたかを思い出そうとします。すぐに答えが出るかどうかは別として、無意識のうちに答えようという反応をします。

それならば、この人間の習性を利用して、**自分自身にポジティブな質問をすることで、ポジティブな思考のクセをつくっていこう**というのが、この「自分への問いを変える」という方法です。

例えば、仕事、食事、通勤、家族、趣味、ルーティン、経済面、勉強、出会い、人生そのものなどに対して、

①喜んでる?
②感謝してる?
③楽しそうにしてる?
④伝えてる?　伝わってる?

と自分自身に頻繁に質問してみるのです。

そうすると、その質問がある意味「リマインダー」のような機能を果たしてくれ、暗い気分のままでいた自分を客観視させてくれたり、感謝の心を忘れてしまっていた自分を思い出させてくれたりして、思考のクセを直すきっかけになります。

「自分への問い」でクセを変えるコツ

私は、これを実践するためにさらに突っ込んで、**スマホのリマインダーアプリ**を使って、15分おきくらいに自分に対する質問、例えば「今日のプレゼン、楽しんでる？」といったような質問が自動的に表示されるようにしています。

そのため、スマホの待ち受けを見るだけで、自分自身への質問が目に入るので、「あぁ、そうだった、楽しもう！」と気持ちを切り替え、ネガティブな思考のクセをポジティブな思考のクセに塗り替えていきます。

また、自分へ質問する際に多くの人は、Ｗｈｙの質問をしがちであることも理解しておきましょう。Ｗｈｙの質問は、何かを深く掘り下げるときには効果的ですが、マイナスの状態でＷｈｙを使うと、けっこう落ち込むことがあります。

ですから、**自分への質問をする際は、Ｗｈａｔ（何を）とＨｏｗ（どうやって）を意識**しましょう。

「今回の失敗から次は何を学べばいいのかな」

「今回の失敗から次はどうやったら上手くいくかな」

と質問を投げかけることで、自然とポジティブな気持ちになります。

これはおすすめの方法ですので、皆さんもぜひやってみてください。

「語尾に音符をつけて話す」「笑顔の特訓」のポイント

二番目の語尾に音符をつけて話すということで気をつけてほしいのは、**「暗い内容」を話すときにまでやらなくていい**ということと、あくまでも**「音符がついているようなイメージでいればよい」**ということです。

実際に語尾を上げたり、歌を歌うようにしゃべる必要はありません。

最後の「笑顔の特訓をする」ですが、なぜ笑顔をつくることが、自分の思考のクセを直してくれるかというと、**笑顔を頻繁につくっていると私たちの脳が「この人は幸せだから笑っているんだ」と錯覚してくれる**からです。

笑顔に、私たちの感情が引っ張られ、後追いで本当にその笑顔にふさわしいマインドになっていくわけです。

笑顔の具体的な特訓方法については、**本書の巻末ページにあるQRコード**にアクセスして学べますので、ぜひチェックしてみてください。

相手に嫌われずに反論する秘策

反論したいけれど、嫌われたくない

あなたは、自分の価値観と合わない価値観を持った人が目の前に現れ、会話をしなければならなくなった場合、どんなふうに対応していますか？

自分の会話力が低い、あるいは自信がない人ほど、そういった人の考えや行動に対して、

「でも」

「だって」

「どうして」

「しかし」

「それは違う」

といった英語の「ｂｕｔ」の意味合いの言葉を、安易に口にしたくなってしまうかもしれません。

なぜならば、相手へのもっと上手な反論の仕方を知らないからです。

ところが、実際の会話で「でも」「しかし」などの言葉をそのまま使ってしまうと、相手は真っ向から反論されたと感じて衝突が生じやすくなります。

思わぬ議論や喧嘩へと発展したり、知らず知らずのうちに相手を傷つけたり、自分も嫌われたりしてしまうこともあります。

ｂｕｔの前にＹｅｓを置く

会話の達人は、こんなときどうしているのでしょうか？

彼らは、ｂｕｔの前にＹｅｓを置くことで、**ｂｕｔのもたらす影響を和らげていま**

す。自分とは違う価値観をいったんは「Ｙｅｓ」と受け止めてから、「ｂｕｔ」と返すことで、相手と建設的な話し合いや関係性をつくることができるようになります。

具体的な例を見てみましょう。

◉Ｙｅｓを使わずｂｕｔだけを使う例

Ａ　やっぱりさ、世の中お金がすべてだよね。
Ｂ　いやいや、それは違いますよ。お金以外に大切なものもたくさんあります。
（衝突が起こり、会話が議論のようになってしまう）

◉Ｙｅｓとｂｕｔを使う例

Ａ　やっぱりさ、世の中お金がすべてだよね。
Ｂ　はい、お金も確かに大切ですもんね……（Ｙｅｓ）。でも（ｂｕｔ）僕はお金以外にも大切なものもたくさんあるかな、と考えています。
（相手の考えをいったん受け止めて、建設的な会話をつくりやすい）

相手別「Yes、but」3つの活用法

「Yes、but」を活用するうえで、相手や丁寧度に応じて使い分けると効果的です。大きく3段階あります。

◉友だちや同僚など、相手との関係性が比較的対等で、ライトに使う場合

A　やっぱりさ、世の中お金がすべてだよね。

B　そういう考え方もあるよね（Yes）。でも（but）、僕はお金以外にも大切なものもたくさんあると思うんだけど。

◉まだ関係性が浅い人や目上の人に、少し丁寧に使う場合

A　やっぱりさ、世の中お金がすべてだよね。

B　Aさんはそういうお考えでいらっしゃるんですね（Yes）。ただ（but）、私は少し考えが違いまして、お金以外にも大切なものはたくさんあると思って

いるんですが……。

◉非常に丁寧に使う場合（目上の人から友人まで幅広く使える）

A　やっぱりさ、世の中お金がすべてだよね。
B　あーなるほど……。そういう考えもありますよね。全然間違ってないと思います。お金も大事ですもんね（Ｙｅｓ）。僕はちょっと違う考えなんですが話してもいいですか？（ｂｕｔ）僕は、お金よりも大切なものはたくさんあるかな、とも思っていまして……。

いかがですか？

このようにｂｕｔの前にＹｅｓをいったん挟むことで、相手は「攻撃された」と感じにくくなり、余計な波風を立てずに建設的な議論を行なえるようになります。

これまですぐｂｕｔを相手に突き付けてしまっていたのなら、ぜひ、このテクニックを練習してみてください。相手との関係性がグンとよくなるはずです。

枕詞があるかないかで、相手の印象は180度変わる

本題に入る前のクッション

会話の達人たちは、「枕詞」というテクニックを習得しています。

あなたは、相手と話すときに枕詞を意識して使っていますか?

枕詞とは、**本題の前に置く言葉のクッション**のようなもの。

同じ会話や質問であっても、枕詞を置いてから話すのと、置かずに話すのとでは、印象がガラリと変わってしまいます。

枕詞を置かずにいきなり質問をすると、「ぶしつけ」な感じが強くなってしまいま

す。

「なんでそんなことを聞くの？」

「失礼な人だな」

「デリカシーがないな……」

など、**あなたの印象が一気に悪くなってしまう**こともあります。

「枕詞なんて単なるおまけでしょ」と思っている方もいるかもしれませんが、これがなかなか侮れないものなのです。

会話の達人は、**相手の性格や状況を考慮に入れ、話しているトピックに合わせて、臨機応変に相手に失礼や誤解のないような枕詞**を巧みに使っています。

次の例を読んで、自分でもどんな状況でどんな枕詞を使うべきかシミュレーションしてみましょう。

◉枕詞がない例

A　年齢はおいくつなんですか？

B　（いきなり歳を聞くなよ……）

●枕詞を使う例

A　すみません、お話の流れでひょっとして年が近いのかと思って……。おいくつなんですか？

B　あ、38歳です。

A　えー！　やっぱり！　同い年です！

●枕詞がない例

A　Bさんは、自分の仕事のどんなところが好きなんですか？

B　（なんでそんなこといきなり聞いてくるんだよ……）

●枕詞を使う例

A　こんなことをお伺いしていいのかどうかわからないのですが、どうしても自分の参考にしたくてBさんにお尋ねしたかったんです。Bさんは、自分のお仕事のどんなところが好きなんですか？

B　それはですね……。

いかがですか？

枕詞は単なるおまけではなく、相手との関係性をよくする、相手の意見を引き出すための重要なクッション言葉です。枕詞の有無で、その後の関係に大きな差が出てきます。

どうしてもわからない場合は、一度、相手の立場（聞かれる立場）に立って考えてみることをおすすめします。

「受け入れる」と「受け止める」は別物

自分と違う価値観を持った相手に、あなたならどうする？

相手の意見を「受け入れる」ことと、「受け止める」ことの違いをご存じでしょうか？

私たちは、生きていると本当にさまざまな人に出会います。

すべての人が自分と同じ意見ならいいのですが、中には、自分とは意見が全然合わない人が現れることがあります。

特に会話力に自信がない人や引っ込み思案の人などは、自分と意見の合わない人が現れると、すぐに反論したり、あるいはその逆にすぐに迎合したりしがちです。

迎合するとは、本当のあなたはそう思っていないのに、相手の意見に合わせてしまうことです。

例えば、相手が「この世の中お金がすべてだよね？」と言ってきたとき、あなたはそんなことはないと思いつつも、相手の雰囲気や語気に圧倒されて、反論するのも大人げないので「そうだね」と認めることがあるでしょう。

これが、「受け入れる」ということです。

「受け入れる」とは、相手に「賛同」すること

受け入れるとは、相手の言っていることへの、ほぼ無条件の賛同です。

受け入れることは、それ自体は別に悪いことではありません。むしろ、すべての人の意見を受け入れることができれば、それはそれですばらしいことだと思います。

しかし、あなたの価値観、考え方と著しく異なる意見を主張する人が現れたとき、

「その人に反論したくないから」と言って、全部受け入れてしまっていいものでしょうか?

本当は自分の意見とは違うのに、相手の意見を全部受け入れてしまっていると、気づかないうちに**「にっちもさっちもいかない状態」に陥ってしまう**可能性もあります。

「本当はそんな考え方には賛同していなかったのに……」

と、いつの間にか自分が想定していない状況に追い込まれてしまうかもしれません。

ですから、何でもかんでも「受け入れる」のはおすすめできません。

「受け止める」とは、相手に「共感」すること

それでは、自分と異なる意見、賛同しにくい意見を述べる人が現れたときには、どうしたらいいのでしょうか?

その場合は、「受け止める」ことをしてください。

受け止めるとは、相手と考えが違ったとしても、**「なるほど」「そういう考えもありますね」「おもしろいです」「勉強になります、ありがとうございます」**などと、相手

の気持ちに寄り添うことを言います。

「受け入れる」が「賛同」ならば、「受け止める」は「共感」です。

相手の意見に賛同して仲間になるわけではないので、自分と異なる意見を主張する人を**受け止めたとしても、基本的にあなたには何の不利益も生じません。**

「受け止める」が衝突リスクを回避する

この受け止めるという行動を取ることで、自分と異なる意見を持つ人に**迎合せずに**済むだけでなく、**明確な反論を述べて衝突してしまうというリスクも回避**することができます。

まさに一石二鳥の会話術、それが「受け止める」なのです。

それでは、最後に「受け止める」の実践例を見てみましょう。

これを参考に、ふだんの会話に「受け止める」を取り入れてみてくださいね。

◉「受け入れる」の例（自分も同じ考えである）

A　俺、結婚に興味ないんだよね。そう思わない？

B　あ、俺も同じ考えだよ。自分の時間が奪われるもんね。

◉「受け止める」の例（自分は異なる考えである）

A　俺、結婚に興味ないんだよね。そう思わない？

B　そういう考えも全然間違ってないよね。確かに自分の時間とか減っちゃうだろうしなあ。俺は結婚願望あるほうなんだけどね……。

◉自分は異なる考えなのに、「受け入れて」苦しくなる例

A　俺、結婚に興味ないんだよね。そう思わない？

B　そ、そうかもしれないね……。

会話の「横軸」と「縦軸」を意識する

雑談をただの雑談以上のものにするコツ

会話に関するこんな格言があります。

「三流は雑談で相手を不快にし、二流は何も生み出さない雑談をし、一流は雑談で信頼を築く」

あなたは、誰かと雑談をして、雑談以上の成果を得たという手応えを感じたことはありますか？

会話力が上がってくると、雑談がただの雑談以上のものへと変化していきます。

初対面での雑談では緊張すると言う方は大勢いますし、特に「何を話せばいいのか？」という話題選びでつまずいてしまっている方がほとんどではないでしょうか？

当たり障りのない話をしたところでたいして盛り上がるわけではないですし、かといって自分の話ばかりしてしまっては自慢話ばかりする人間だと思われてしまう……。

挙げ句の果てには、「結局、雑談なんてそんなもんだよね」とあきらめてしまい、先ほど引用した格言の「三流」か「二流」止まりになってしまう。

世の中のかなり多くの方が、そういったレベルの雑談にとどまり続けているように私には見受けられます。

でも、あなたの雑談力をガラリと向上させる秘訣があるのです。

それは、**会話の「横軸」と「縦軸」を意識する**ことです。

どの話題を選ぶか、どう話を深めるか

会話の「横軸」とは、「どの話題を選ぶか」を指し、**会話の「縦軸」とは、「どう話**

題を深めるか」を指します。

言い換えれば、**横軸は「話題の広さ」**であるのに対し、**縦軸は「話題の深さ」**のことです。

あなたのふだんの雑談は、横軸だけに終始してしまっていませんか？

横軸だけを意識して話していると、雑談の話題は種類が豊富ではあるのですが、どうも当たり障りのない「単なる雑談」に終わってしまって、相手にいい印象を与えないままになってしまいます。

おそらく、会話力に自信がない人は、ほとんどがこういったことを日常的に経験しているはずです。

なぜ、雑談が単なる雑談で終わってしまうかと言えば、「縦軸」を意識していないからです。縦軸を意識すると、話題を少し深く掘れるようになります。そうすることで、相手のホットトピック（相手が関心を持っている話題）を探り当てる確率が上がり、浅い話ばかりすることがなくなります。

普通の雑談と、縦軸を意識した雑談の違い

縦軸を意識していない雑談と、意識している雑談の違いを見てみましょう。

◉普通の雑談（横軸と縦軸の意識なし）

Ａ　いやぁ～すごく暑いですね。
Ｂ　そうですね、また暑くなりましたね。
Ａ　またこれだけ暑くなると外回りも大変です。
Ｂ　そうですよね、お疲れ様です。
Ａ　えっと、今日なんですけれども……。

会話の横軸と縦軸の意識がないため、ラリーが続かずにただのムダ話になってしまっています。

◉雑談が上手い人（横軸と縦軸の意識あり）

A　いやぁ～すごく暑いですね。今朝も駅に着いたときにまた真夏に逆戻りか！と思いました。

B　そうですね、また暑くなりましたね。

A　はい、気温が読めないので、先週も子どもと山登りする予定が、暑すぎて結局断念しました。

B　ありますよねえ。うちも先週、同じ感じで……。

A　え、どちらに行かれる予定だったんですか？

初めは気候の話から入っていますが、ここから先週の話題、お子さんの話、と縦軸が深められます。

縦軸を掘るコツ

後者の話のほうが、縦軸が掘られていることがおわかりになるでしょう。

どうすれば、縦軸を掘ることができるのかというと、コツは簡単です。

「自分の意図や印象、感想を加えたコメント」をするのです。

例えば、「真夏に逆戻りか！」と思ったとか、「山登りする予定」だった、でも、それを「断念した」といったコメントは、すべてその人の意図、印象、感想です。

こういった言葉を加えると、相手がそれらのコメントに反応したりしなかったりするのがわかります。

そこで、相手が大きく反応してきたならば、それが相手のホットトピックかもしれないので、それを掘り下げていけば、雑談が盛り上がる確率が上がるというわけです。

ホットトピックについては、次項でさらに詳しく見ていきましょう。

相手の「ホットトピック」を押さえる

ホットトピックの効用

「ホットトピック」について、もう少し掘り下げていきましょう。

ホットトピックとは、相手が「聴いてもらうとうれしい」「そのことについて話したい」と思えるような話題のことを言います。

誰しも、**自分が興味・関心を寄せている事柄については人に話したい、人と分かち合いたいと思うもの**ですよね。

雑談を雑談以上のものにできるかどうかは、このホットトピックによって左右されると言っても過言ではないでしょう。

ホットトピックを見つけることができなければ、結局のところは浅い会話で終わってしまいますし、ホットトピックを見つけることができたら、あなたとその人の会話はかなり盛り上がることになるでしょう。

会話が盛り上がれば、相手の心も動きますし、あなたへの印象も格段に良くなります。

ひいては、あなたとその人の間には、信頼関係が築かれるようになるわけです。

あなたとその人との**単なる「出会い」、単なる「雑談」が、それ以上のものへと昇華**します。

ホットトピックを掘り当てるプロセス

相手のホットトピックを掘り当てるためには、次のプロセスを経る必要があります。

①あいさつ・関係構築

②会話の横軸・縦軸を意識する
③質問力とほめ力を使う
④ホットトピックが見つかる
⑤3と4のプロセスを繰り返す

ホットトピックを掘り当てるためには、**会話の最初の段階からそのつもりでいること**が大切です。

あいさつから始まって、きちんとアイコンタクトをしながら、語尾に音符をつけて話して、といった本書でこれまで紹介してきた「つながる力」を駆使して、関係を構築します。

次に、前項で紹介した会話の横軸と縦軸を意識して雑談を始めましょう。

大切なのは、縦軸のほうなので、**「意図・印象・感想を加えたコメント」**を投げかけることで、相手の反応を促していきます。

そして、これもこれまでに説明してきた**「質問力」**と**「ほめ力」**を使って、相手が大きな反応を示す話題（トピック）を探し続けます。

もちろん、**「Yes、but……」**や**「枕詞」**を使うことを忘れずに。

すると、相手が他の話題よりも大きな反応を示す話題が見つかるはずです。

それがその人にとってのホットトピックだということです。


1つのホットトピックが見つかったら、その話題について傾聴しましょう。

ここまで来れば、もう「ただの雑談」レベルではなくなっていると思いますが、先ほどの③と④のプロセスを繰り返して、さらに別のホットトピックを探してみましょう。


いくつものホットトピックが見つかって、相手があなたとの会話に喜びを感じるようになれば、相手は「あなたとまた会いたくなる」はずです。

ホットトピックを掘り当てることができれば、あなたは相手にとって「また会いたい」と思える人になれるのです。それってすばらしいことだと思いませんか？

ホットトピックを掘り当てるコツ

ホットトピックを掘り当てるには、コツがあります。

それは、**人間の願望を理解して、それを頼りに質問していく**ことです。

人間には、次の5つの願望があります。

①生存への願望
②愛・つながりへの願望
③力への願望
④自由への願望
⑤楽しみへの願望

人間は、誰しもこの5つの願望を持っているものです。

もちろん、人によってその割合が違います。

ある人は生存への願望が強くて健康志向だったり、女性は愛・つながりへの願望が強かったり、経営者の男性だと、力への願望が強かったりと、人それぞれどの分野に願望を強く抱いているかが違います。

相手のホットトピック（人間の5つの願望）

1	生存への願望	健康/ダイエット/ファスティング など
2	愛・つながりへの願望	家族/子ども/配偶者/家族構成/ペット など
3	力への願望	仕事/車/家など
4	自由への願望	興味・関心/ライフスタイルなど
5	楽しみへの願望	趣味/経験/ファッション/こだわりなど

ただし、たいていの場合、この5つの願望のうちのどれか1つは強く抱いているものですので、**相手をよく観察して、その人がどの願望を強く抱いているのかを探って**いきましょう。

ホットスポットを探り当てたときには、相手が急に**うれしそう**になったり、**声のトーンが明るく**なったり、**声量が大きく**なったり、**早口**になったりといった反応が見られることが多いですので、よく観察するようにしてくださいね。

相手と心の距離を縮める「タメ語」の使い方

もっと仲良くなりたいのに、なかなか仲良くなるのが難しいとき

あなたは、目上の人や自分が尊敬している人、憧れている人と、「もっと仲良くなれたらいいのに……」と思ったことはありませんか？

その相手が、もともとフランクな方なら、わりと簡単に相手と心の距離を縮めることができるかもしれませんが、もしそうでない場合は、なかなか仲良くなることが難しいものですよね。

せっかく尊敬する人と初めて会うことができたのに、自分も相手もお互いに最初から最後まで敬語で話し続け、態度も堅いままで終わってしまうことのほうが、むしろ多いかもしれません。

これでは、せっかくお近づきになりたいと切望していても、**終わってみたら「ただの知り合い」のまま**です。

それなら、と、そういう相手にいきなり**「タメ語」**で話してしまうと、それはそれで失礼に当たってしまい、相手によってはそれだけで怒りを買って、お付き合いを断たれてしまうこともあるかもしません。

ちなみに、「タメ語」とは、**立場が対等な相手や仲のいい人に使う「友だち言葉」**のことを言います。

相手とタメ語を使えるような親しい間柄になりたいのに、それをいきなり使っては失礼に当たる、かといって、ずっと敬語で話していては、心の距離なんて縮まりようがない……。

そんなジレンマを解消するための方法があります。

それは、**「独り言をタメ語でつぶやく」**というテクニックです。

自分の独り言をタメ語でつぶやいてみる

例えば、目上の人、あなたの尊敬する人、憧れている人と初対面で話をしているときに、通常時は当然ながら敬語で礼儀正しく話をしていて、相手の発言から何らかの気づきを得たり、感動・感激させられたり、感銘を受けたりしたときにだけ、**そのリアクションを「タメ語」で独り言としてつぶやいてみる**のです。

具体例を見てみましょう。

◉目上の人に対する「独り言タメ語」の例

A　B社長が、長年の経営で特に意識されてきたのはどういった点でいらっしゃいますか？

B　それはですね、やはり【世の中のお役に立てるかどうか】という点ですね。そこがすべてです。

A　やはりそうなんですね。すごいなあ……（小声でボソッと）。ではもう1点、B社長が日常大切にしていることはどんなことでしょうか？

B　実はね、あまりインタビューでもお話ししたことはないんですが、こう見えて【家族第一】なんですよ。時間を見つけて家族と一緒に過ごす、そんなひとときを一番大事にしています。

A　そうなんですね！　やっぱりそこなんだ……（小声でボソッと）。

このように、自分が感動したり、感激したり、感銘を受けたときの**感想だけを「タメ語」にして、ボソッとつぶやいてみましょう**。

「え、そんなことで効果があるの？」と思うかもしれません。

実は、これには抜群の効果があるんです。

相手といつまでも敬語で話しているままでは、関係性・距離感はずっと縮まらないのですが、**2人の会話の中に失礼がない範囲で「タメ語」を紛れ込ませる**ことで、知らず知らずのうちに相手との心の距離が少しずつ縮まっていきます。

目上の人もフランクな付き合いを求めている

このテクニックに関しては、私が自分で使ってみて、本当に効果があることを実感しているものですので、自信を持っておすすめしています。

以前、私のYouTubeチャンネルに、日本で著書が一番売れているという、ビジネス系の、とある作家さんにゲスト出演していただいたことがありました。

その方は、2年連続ビジネス書の売上で日本一になり、2年目に至っては全書籍の中で日本一売れましたというくらいの超ベストセラー作家でした。

私からすれば、年齢も上なら、社会的地位もかなり上という相手でしたし、先方もとても礼儀正しい方だったこともあって、最初はお互いに「さん付け」で呼び合い、敬語で堅い感じの会話をしていました。

しかし、頃合いを見計らって「タメ語」で感想をつぶやくようにしてみたのです。

すると、どんなことが起こったと思いますか？

なんと対談が終わったあと、その方がいきなり、「あのさ、これからヒロって呼んでいいかな？　俺のこともアニキって呼んでいいからさ」とおっしゃったんです。

もちろん、その方の器の大きさがあってこそですが、ひょっとして「独り言タメ語」の効果もあったかもしれません（笑）。

このテクニックは、相手によっては全然効果がないこともありえます。

ですが、世の中の成功者の方、社会的地位が上の方たちの多くは、実は心の中では**「人とフランクな付き合いがしたい」**と思っているものなのです。

社会的地位やステータスが高い人でも、自分が偉くなってしまったことで、なかなか人とフランクな付き合いができないことに対して寂しさを覚えている方もいるかもしれません。

ですから、自分の感想のつぶやきとはいえ、目上の人や尊敬している人などに「タメ語」を使うことに心理的な抵抗を感じる人もいるかもしれませんが、ちょっと勇気を出して使ってみてください。

ただし、あからさまにやったり多用したりすると、相手に不快を与える場合もありますので、「本当にそう思ったとき」だけに限定するほうがいいでしょう。

私がおすすめする極意「高田エリーの法則」

読み方は、「たかたえりい」

会話するうえで、私が自分のスクールの生徒さんたちにおすすめしている極意があります。

それは、「高田エリーの法則」です。

私がつくった法則ですので、聞いたことがある方はほとんどいないと思います。

高田エリーというのは、人の名前ではありません。会話における極意の頭文字を取って、**「た・か・た・え・り・い」**としているだけです。

「たかたえりい」とは、なんの頭文字なのか？

この法則は、「たかた」と「えりい」の2つに分かれます。

「たかた」のほうは、あなたが会話をするうえで**「相手の中につくりたい感覚」**を表しています。

一方、**「えりい」**のほうは、**「そのためにあなたが意識すべきこと」**を表しています。

◉会話を通して相手の中につくりたい感覚

・た……楽しい

・か……感じがいい

・た……ためになる

◉そのためにあなたが意識すべきこと

・え……笑顔

・り……リアクション

・い……いい言葉

「高田エリーの法則」の詳細

一つひとつ見ていきましょう。

まず、会話をするうえで、あなたが相手の中につくりたい感覚。

これは、あなたが誰かと話をするときに、「楽しい」「感じがいい」「ためになる」と思ってもらえるような会話をしましょうということです。

特に、「楽しい」「感じがいい」はとても重要です。この2つが欠けてしまうと、相手はあなたとの会話を続けたいという気持ちを持てなくなってしまいます。

「たかた」を実現するためには、あなたは「えりい」をしなければいけません。

これまで本書で紹介してきた**「笑顔」**と**「リアクション」**をしっかり取りながら、ポジティブな**「いい言葉」**を使うようにしましょう。

そうすることで、相手は「楽しい」「感じがいい」「ためになる」なぁと思ってくれるようになり、あなたと相手との間にポジティブな信頼関係が築かれるようになります。ぜひ、「高田エリーの法則」を意識してみてください。

高田エリーの法則

（相手の中に創りたい感覚）

1．楽しい

2．感じがいい

3．ためになる

（そのためにあなたが意識すべきこと）

4．笑顔

5．リアクション

6．いい言葉

人と話すとき、ついカんでしまうあなたへ

上手に会話しようと思えば思うほど、本質から離れがちになる

前項で紹介した「高田エリーの法則」では、自分が「楽しい」「感じがいい」「ためになる」と思うような会話を求めるのではなく、相手の中にそういった感覚をつくろうとして会話をすることを理想としています。

つまり、その本質をひと言で言うなら、**「『相手軸』になりましょうね」**ということです。

本書を通じて私が使ってきた言葉で言うと、そう、**『相手が主役』の会話をしましょう」**ということです。

相手が主役の会話――。

それこそが、会話が上手な人たちが行なっている会話です。

しかし、多くの人は、そのことをしっかりと理解していないので、どうしても自然と「自分が主役」の会話をしてしまっています。

自分が主役の会話は、何も自己主張の強い、自信満々の人だけがしているわけではありません。

会話に自信がない、口ベタであがり症の人たちですら、会話の本質を誤解して、知らず知らずのうちに「自分が主役」の会話をしようとしてしまっているのです。

「相手を楽しませなきゃ」の空回りにご用心

あなたには、こんな経験がありませんか？

上手に会話をしようとするあまり、妙に力が入ってしまって思っていることの半分も話せなかった。

あるいは、相手を楽しませようと空回りして、どうでもいいことばかり話してしまって肝心なことが上手く伝えられなかった。

多かれ少なかれ、こうした経験をしたことがありませんか？

「相手を楽しませなきゃ！」と思うことは大切ですが、楽しませようとした結果、鼻についたり、場を全部持っていってしまったり、自己中心的な人物だと思われてしまったら、本末転倒ですよね。

それでは、**「相手が主役」のようでいて、実は「自分が主役」の会話になってしまっている**のです。

人は、笑わせてくれる人より、一緒に〇〇してくれる人が好き

「会話で相手を笑わせたい！」「笑わせなきゃ！」という強い気持ちを抱いている人

に、ぜひ知っておいてほしいことがあります。

それは、

「人は笑わせてくれる人よりも、一緒に笑ってくれる人が好き」

ということです。

笑わせようとするのではなく、**相手と一緒に笑うことをゴールにする**ことで、自然とあなたの力みはなくなっていくはずですので、意識してみてくださいね。

「相手の役に立ちたい」という意識を持つ

「相手が主役」の会話をするうえで、常に心がけておいてほしいことがもう1つあります。

それは、「相手のお役に立ちたいという思い」です。

肩に力の入っている人は、会話をするときにどうしても「自分が話したい」ことに意識が向きがちですが、そうではなく**「相手が求めている話」は何なのかにフォーカス**するようにしてみましょう。

身も蓋もない言い方をすると、結局のところ、ビジネスも交友関係も「好き嫌いがすべて」です。

最終的に重要なのは、あなたが「人から好かれるかどうか」です。

一見、非効率的に思えたとしても、**相手を優先して「好かれる話」ができる人**こそが、大きなチャンスをつかむことになります。

常に、**「相手が求めているのは何か？」**と意識しながら話してみましょう。

男性脳と女性脳の違いと、会話の深い関係

「ただ話を聴いてほしいだけ」の真相

私のスクールの授業で、いつも女性の方にしている質問があります。

「この中で、これまでに男性に相談をしたときに『ただ話を聴いてほしいだけだったのに……』と一度でも思ったことがある人はどれくらいいますか？」

この質問をすると、いったいどれくらいの女性が手を挙げると思いますか？

なんと、毎回全員が手を挙げるのです。

そして、私はいつも「すいません、全男性を代表して謝罪します」と謝っています。

男性にはなんの悪気もありません。

悪気はないんですが、**「話を聴いてほしいだけ」**という女性の気持ちがよくわからないのです。

逆に、男性に「今まで女性の話を聴いたあとで、それを情報として言葉どおり受け取ったのちにアドバイスをしたら、途端に怒られたことがある人はどれくらいいますか？」と聴くと、かなりの人が手を挙げます。

これも、女性は「ただ話を聴いてほしいだけ」だったのに、男性が余計なアドバイスをしたから、機嫌を損ねてしまってそうなったわけです。

このように、**男性と女性とでは、会話に求めているものや、会話そのものへの捉え方が異なります**。

もちろん、すべての男性・女性がこれから挙げる特徴に当てはまるわけではありません。しかし、男性と女性の会話における違いを理解したうえで会話をしたほうが、絶対に「相手が主役」の会話はしやすくなりますので、きちんと押さえておきましょう。

男性脳と女性脳はここまで違う

男女の脳には明確な違いがあり、会話を使い分けることが大切です。
男性脳の特徴は、

- **◉数値化が好き**
- **◉比べるのが好き**
- **◉結果が大事**
- **◉客観的**
- **◉変化に気づかない**

などが挙げられます。
一方、女性脳の特徴は、

◉イメージが好き
◉共感したい
◉プロセスが大事
◉主観的
◉変化によく気がつく

といったものがあります。

よく見ると、かなり違うのがおわかりになると思います。

男性脳と女性脳の違いを理解して、それぞれの性別ごとの対応を練習するためのワークとしては、**男性と女性それぞれに「ヒーローインタビュー」をする**というものがあります。

男性はテストステロン（男性ホルモン）優位ですから、**「相手を立てる」**ように話をすると上手くいきますし、女性はエストロゲン（女性ホルモン）優位ですから、**「共感する」**ことにフォーカスして聞き役に徹するほうが上手くいきます。

ふだんの会話でも、これを意識して話してみてください。

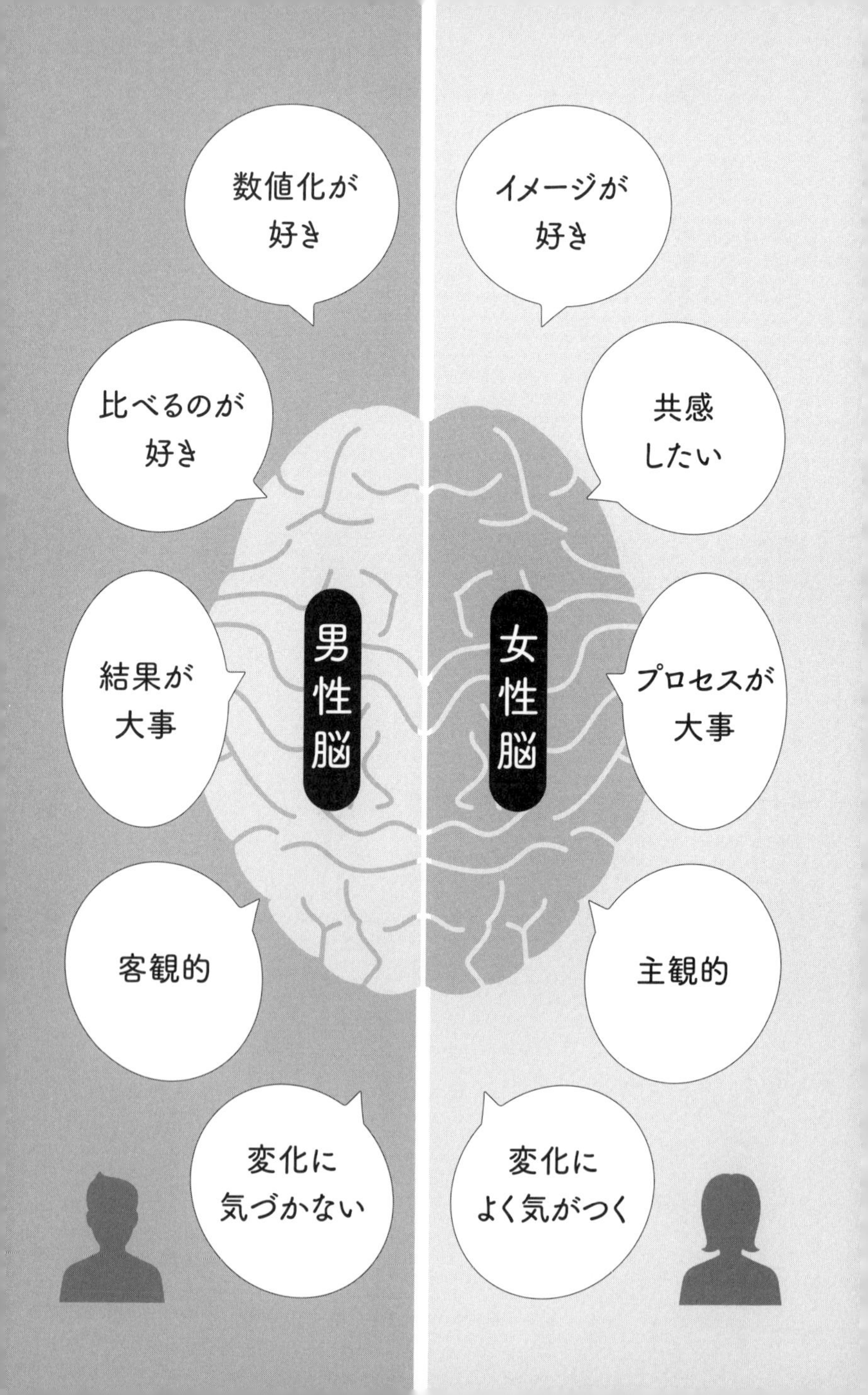
男性脳
数値化が好き
比べるのが好き
結果が大事
客観的
変化に気づかない
女性脳
イメージが好き
共感したい
プロセスが大事
主観的
変化によく気がつく

無意識に使っている、「言い方」と「言葉選び」にご用心

会話で相手に不快感を与える典型例

これまで、「相手が主役」というコンセプトに基づいた、いい会話をつくるための考え方を学んできましたが、どれだけ「つながる力」（自己肯定感・他者肯定感・相手への尊敬力・感謝力）を意識し、「笑顔」や「質問力」、「リアクション力」を磨いても、なぜだか会話が上手くいかない……と言う人がいます。

そういう人たちは、**知らず知らずのうちに相手に不快感を与える話し方をしてしまっている可能性**があります。そして、当の本人がそのことに気づいていないケースも

多々あります。

ここでは、会話で相手に不快感を与えてしまう典型的な「間違った言葉遣い」や「言葉の選び方」について学んでいきましょう。

上から目線（マウント）に聞こえる言葉

会話において相手に不快感を与えてしまう間違った言葉遣いや話し方の代表例は、「上から目線（マウント）に聞こえる言葉」です。

最近、上から目線、マウント、マウンティングという言葉をよく耳にするようになりましたが、これは相手が不愉快になる会話の典型的なやり方です。

上から目線の話し方を無意識にしていないかどうか、チェックしてみましょう。

次に、上から目線に聞こえる言葉の例を挙げておきます。

◉ **「実は私、○○大学を出てるんだけど」（学歴マウント）**

◉ **「その年でまだ結婚してないの？」（ステータス系マウント）**

◉「私、あなたより苦労してるけど（経験系マウント）

◉「えっ、○○って知らないの？」（知識系マウント）

◉「こんな簡単なこともわからないの？」（見下し・批判系マウント）

などなど。

無意識にこんな話し方をしていないかどうか、チェックしてみてください。

相手に気を遣わせる言葉

次は、「相手に気を遣わせる言葉」です。

相手が「え？　聴いちゃいけなかったかな」や「そういう意味で言ったんじゃなかったんだけど……」と、あなたに気を遣わせてしまうような言葉やリアクションはしないようにしましょう。

相手に気を遣わせてしまう言葉の一例を挙げてみます。

◉「それ、どういう意味ですか？」
◉「え？　何かありましたか？」
◉「答えたくないですね」
◉「それ、聞く意味ありますか？」

自分がこれらの言葉を言われたときの気持ちを想像してみましょう。
「うっ」と言葉に詰まってしまうのではないでしょうか？
こういった相手に気を遣わせる言葉も、できるだけ使わないほうがいいでしょう。

相手が大切にしていることを大切にできない言葉

こちらにそんなつもりがなくても、相手の立場に立てずに、あなたの主観で「相手が大切にしていることを大切にできない言葉」を選んでいませんか？
そういった言葉を選んでいると、相手はあなたに対して「もうこんな人と一緒にいたくない」と思うようになってしまいます。
次に例を挙げてみます。

◉（相手は、本当は子育てが楽しいと思っているのに）「子育てって拷問《ごうもん》みたいだとかよく聞きますよね」

◉（相手は、本当は仕事に誇りを持っているのに）「あなたにはもっといい仕事がありますよ」

◉（相手は、本当は配偶者を愛しているのに）「いや〜、キツい奥さんですね〜」

などなど。
あなたが無意識に使っている言葉が、相手に強い不快感を抱かせてしまっている可能性がありますので、注意してください。

馴れ馴れしく聞こえる言葉

相手との関係が対して深まっていないのに「馴れ馴れしく聞こえる」言葉を使うのもＮＧです。

距離が近づいていないのにタメ語を使うこと以外にも、次のような言葉遣いが馴れ馴れしく聞こえますので、チェックしてみてください。

◉促音「っ」が多い言葉……「あっち」「さっき」「ちょっと」

◉撥音「ん」が多い言葉……「こんなんですね」「そんな感じです」「どんなんですか」

◉連打が多い言葉……「うんうん」「はいはい」「ですです」

これ以外に、許可を得ずに相手を「あだ名」で呼ぶ、年下を呼び捨てにする、いきなり踏み込んだ質問をするなども要注意です。

謝っているように聞こえない言葉

謝っているのに謝っているように聞こえない言葉というものがあります。

例えば、**謝る前に「そんなつもりはなかったんですけど」と枕詞**を置いてしまうと、謝罪している感じが薄れると思いませんか？

また、**「悪気はなかったんです」**とか、**「誤解を与えてしまったようで」**なども言い訳がましく聞こえるので、謝っているように聞こえない言葉を使っていないかどうかもチェックしておいたほうがいいでしょう。

また、謝る際に限りませんが、**「慇懃《いんぎん》無礼な言葉」**にも注意してください。

相手を尊敬し、立てる気持ちが強いあまりに逆に失礼になってしまうことがあります。

例を挙げると、

「本日は、弊社で企画をさせていただいた勉強会の件でお話しさせていただきます。お聞きいただきありがとうございます」

といった話し方です。

このように、「いただき」が連続し、丁寧すぎて逆にマウントを取っているような威圧感を与えてしまい、失礼になることがあります。

自慢に聞こえる言葉

マウントになってしまう言葉と関連していますが、「自慢に聞こえる言葉」も相手を不快にさせてしまいます。

そうは言っても、知らず知らずのうちに自慢話のようになってしまうこともありますよね。

実は、自慢にならないように話すためのコツがいくつかあります。

まず、自分の実績を話すときには **「○○のおかげでこうなりました」** と自分を主語にせず、他の人を主語にして話すようにしましょう。

そして、**「まわりを下げずに、自分を下げて話す」** ようにするのも大事です。

自分がそれができたのは「奇跡的」なことであって、自分の実力や運のおかげではないといったように話すわけです。

反論に聞こえる言葉、過度ないじり、卑屈な言葉もNG

それ以外には、反論したつもりがなくても「反論に聞こえてしまう言葉」にも注意しましょう。

「でも」「だって」「いや」などの否定から入る言葉は反論していなくても反論されたという感じを与えてしまいます。

また、親しい仲でなら通用するような「過度ないじり」を、あまり親しくない人にしたり、あるいはそういったいじりを見せたりするだけでも、相手は不快になりますので注意してください。

加えて、**「私なんてダメなやつですから」**など、自分をへりくだりすぎるのも慇懃無礼と同じで逆効果になることがありますので気をつけましょう。

その人からすれば、自分のダメな部分を許してほしいから予防線を張っているつもりかもしれませんが、**相手にとっては「そんなにダメなやつと仕事しなきゃいけないの？」と不快に思う**かもしれません。

自慢が良くないのは当然ですが、卑屈になりすぎるのも場合によっては相手を不快にすることがあります。

非言語でも不快感を与える「間違った態度」にご用心

「言葉遣い」「話し方」が完璧でも台無し

相手に不快感を与えてしまうのは、言葉遣いや話し方だけではありません。あなたの「態度」も、相手に不快感を与える恐れがあります。

言葉遣いや話し方は完璧なのに、態度で相手に不快感を与えてしまっていたら、せっかくこれまで勉強してきたことも台無しになってしまいます。

ここでは、会話で相手に不快感を与えてしまう典型的な態度について学んでおきましょう。

やってはいけない10の態度

相手に不快感を与えてしまう態度は大きく分けて10種類あります。

①表情・話し方・聴き方・相づち・動きが「上から目線」
②表情・話し方・聴き方・相づち・動きが「馴れ馴れしい」
③表情・話し方・聴き方・相づち・動きが「否定的である」
④表情・話し方・聴き方・相づち・動きに「相手への興味」が感じられない
⑤容姿や見た目に関する指摘を平気でする
⑥デリカシーがない、プライベートな話題に踏み込みすぎる
⑦あいさつや返事が適当、またはしない
⑧礼儀作法やエチケットなど、一般常識がない
⑨ぶりっ子、ごますり、上目遣い、下目遣い
⑩無表情、リアクションが薄い

いかがでしょうか？

ご自分の態度に、ここに挙げたような特徴がないかどうかチェックしてみてください。

「また会いたい」と思われる人になる秘策

「また会いたい」「二度と会いたくない」の境界線

いい会話をつくる人たち、それも超一流の人たちは、もれなく「また会いたいと思われている人たち」です。

あなたには、誰かと会っていて「この人とまた会いたい！」と強く思った経験はありませんか？

あなたにそう思わせた相手は、その人が仮に口ベタだろうと、あがり症だろうと、会話の達人と言っていいでしょう。

それでは、あなたが「また会いたいと思う人」と「もう二度目はいいかなと思う人」との間にはどんな違いがあると思いますか？

人にまた会いたいと思わせることができる人には共通点があります。

それは、**「人に利益をもたらすことができる」**こと。

利益と聞くと、「お金」のことをイメージする人が多いかもしれません。

しかし、この場合の利益は、お金のことに限りません。

「今日楽しかったな」という楽しい気持ち、「この人と一緒に何かをしたら上手くいきそう」という未来への期待なども、利益のうちに入ります。

つまり、「本当に楽しかったな」「本当にいい人だったな」「本当にいい時間だな」と思えることをひっくるめて「利益」と呼んでいます。

もちろん、「この人と一緒にいたら仕事のコネクションが広がるな」という、実質的な経済的利益も含みます。

ともあれ、金銭的、物理的、精神的利益の全部を「利益」を呼んでいるわけです。

あなたは、他人に利益をもたらすことができていますか？

「相手にちょっと多め」という意識

相手に利益をもたらすことができる人は、「自分＜相手」、つまり「相手が主役」という姿勢で人と接することができています。


自分よりも相手にちょっと多めに何かをもらってもらう。

自分よりも相手にちょっと多めに楽しんでもらう。

自分よりも相手にちょっと多めに笑ってもらう。

自分よりも相手にちょっと多めにいい気分になってもらう。


「相手にちょっと多め」がポイントです。

そういう気遣いができるようになると、自然とあなたは相手から「また会いたい」と思われる人になることができます。

繰り返しになりますが、この場合、あなたの会話力も、会話に対する自信も関係ありません。

それらがなかったとしても、あなたが相手を優先する姿勢を大切にしていれば、時間がかかったとしても相手には通じるはず。

「自分 ＜ 相手」の精神で、「また会いたい」と思ってもらえる人になりましょう。

モデリング対象&ベンチマーク対象を持つ

新しい会話スタイルを加速度的に身につけられる秘策

これまで、「口ベタでも、あがり症でも、会話上手になれる」というお話をしてきました。

私のスクールを選んで来てくださった生徒さんたちの中には、入学当初は口ベタ、あがり症といった人たちも大勢いました。

でも、私のメソッドを学んだ皆さんは、ちゃんと会話上手になることができています。

とはいえ、生まれてから18年以上経っている人が、これまでの会話力を根本的にリニューアルするのは、なかなか難しいことだと思います。

これまでの会話スタイルを全部捨てて、ゼロから新しい会話スタイルを身につけると考えたら、気が遠くなってしまう人もいるかもしれません。

でも、そんなときにおすすめの習得法があります。

それは、**「モデリング対象・ベンチマーク対象を持つ」**ことです。

その人になったかのように振る舞う

モデリングとは、**相手を自分のロールモデルとしてその人の真似をする**こと。

ベンチマークとは、**自分が目指す「基準」**のことを指します。

「この人のようにしゃべれるようになりたい！」とか、「この人みたいな会話の達人になりたい！」といった具体的な人を見つけて、まずはその人の真似をしてみるわけです。

もっと言えば、真似というレベルを超えて、**「その人になったかのごとく振る舞ってみる」**ほうがより効果は大きくなります。

モデリング対象・ベンチマーク対象の選び方

具体的な誰かの真似をすればいいわけですから、ゼロから新しい方法をつくっていくよりも楽ですよね。

それでは、モデリング対象やベンチマーク対象はどうやって選べばいいのでしょうか？

とりあえず、**あなたの身のまわりにいる人で、次の条件を満たしている人**を探してみてください。

- **◉会話が素敵だなと思える人**
- **◉まわりの人から厚い信頼を受けている人**
- **◉人とあっという間に仲良くなれる人**

などなど。

会話に感銘を受ける人をピックアップして一人に絞ったら、その人の「人との接し方」「笑顔のつくり方」「質問の仕方」「立ち居振る舞い」「その人のあり方」などをよく観察して、自分自身の会話に積極的に取り入れてみましょう。びっくりするほど早くあなたの会話力がアップするはずです。

第5章のまとめ

◆自分の思考のクセを変える3つポイントは、「自分への問いを変える」「語尾に音符をつけて話す」「笑顔の特訓をする」。

◆相手に嫌われずに反論するなら、「ｂｕｔの前にＹｅｓを置いて」話す。

◆本題の前に言葉のクッション「枕詞」を置くと、会話が柔らかくなり、相手の意見も引き出しやすくなる。

◆自分と違う価値観を持った相手の意見を「受け止める」と、相手に迎合せずに済み、衝突リスクも回避できる。

◆雑談上手は、「横軸（話題の広さ）」と「縦軸（話題の深さ）」を意識している。

◆「独り言タメ語」をうまく使いこなすと、相手と心の距離が縮まる。

◆会話における極意が詰まった「高田エリーの法則」。

◆人は、「一緒に笑ってくれる人」「相手の役に立ちたいと意識している人」が好き。

◆男性相手なら「相手を立てる」、女性相手なら「共感する」とうまくいく。

◆常に、「言い方」「言葉選び」「態度」に注意しよう。

おわりに

最後まで本書をお読みいただき、本当にありがとうございました。

この本を読む前と、読んだあとで、会話というものに対して、あなたが抱いているイメージは変わったでしょうか？ そして学べることはあったでしょうか？

私は、会話には、私たちの人生を１８０度変えてくれるぐらいのパワーが秘められていると思っています。

なぜかというと、繰り返しになりますが、私たちは「出会い」でできているからです。

実は、この考え方は、私がかつて通っていたコーチングスクールの創業者の先生がおっしゃっていたものでした。

先生は、私たち生徒に、こう問いかけました。

「みんな、世界って何でできてると思う？
世界は国でできているよね。
それじゃあ、国って何でできてる？
国は社会でできてるよね。
じゃあ、社会は何でできてる？
家、家族でできてるよね。
それなら、その家は何でできてる？
人だよね。
家は人で構成されてる。
じゃあ、その人は？
人は何でできてるんですか？」

そう聞かれて、私たちは考え込んでしまいました。
「人は数兆個の細胞でできているから細胞かな、それともＤＮＡかな」などと考えていたら、先生はこう言いました。
「人は、出会いでできてるんだよ。
生物学的には人間でも
もし、森に捨てられてオオカミと出会って
オオカミに育てられたら、その人は人間になるかな？
その人はきっと、自分が人間だという意識も持たず
自分をオオカミだと思い込むよね？
つまり、その人はオオカミと出会ったからオオカミになったわけだ。
それと同じように、私たちも
人間の親と出会ったから人間になったんです。
その親が日本人だったから、日本人になったし、
仮にアメリカ人だったら、アメリカ人になってるよね。
それと同様に、
あなたの可能性を信じてくれる人と出会ったら、

あなたは、どんな人間になると思いますか？
そして、あなたの可能性を否定するような人と出会ったら、
あなたは、どんな人間になるだろう？
人は出会いでできているというのは、そういうことです」

たった1つの出会いが世界を変える

先生のこの言葉は、私にものすごい衝撃を与えました。

人間は、誰と出会うかによって、変わっていく。

まさにそのとおりだと思います。

そして、人間が出会いによってできているということは、あなたが出会いによって変われば、それによって家が変わり、ひいては社会が変わり、国が変わり、最終的には世界を変えることだってできるということです。

たった1つの出会いが、私たちが住んでいる世界そのものを、より良い場所に変えるきっかけになるかもしれないのです。

出会いには、それだけのものすごいパワーが秘められています。
だからこそ、私はあなたに目の前の出会いを大切にしてほしいのです。
目の前の出会いを、より良いものにしてほしい。
それができれば、あなたの人生は確実により良いものになるからです。

目の前の出会いを無駄にしないために、何が必要だと思いますか？
そう、会話力です。
より良い人生を創るために、あなたの出会いをより良いものにしてください。
そのために、本書で私が伝えてきた考え方を、どうぞ活用してください。

私を変えてくれた妻との出会い

かく言う私も、妻との出会いによって、人生が大きく変わった人間です。
私は、ずっと強い劣等感を持って生きてきては、自信を身につけ、また劣等感に苛《さいな》まれという、浮き沈みの激しい人生を生きてきました。

そんな中で出会った妻は、ありのままの私を受け入れてくれ、心で話を聴いてくれて、いつも尊敬と感謝の念を持って接してくれる、私にとって人生で一番の「味方」でいてくれる存在です。

今の自分があるのは、妻と出会えたから。その出会いがなければこうはなっていない、と断言できます。

もし、妻と出会ったときの私が会話に全然自信がなく、「自分なんかじゃ、こんな素敵な人とは釣り合わない」と逃げ腰になっていたら……私の人生は全く違う人生になっていたことでしょう。

この本を読んでくださったあなたにも、きっと人生を変えてくれるようなすばらしい出会いが待っています。

会話を学ぶことで、その出会いをできる限り大切にし、あなたが望むとおりの人生を生きてほしいと心から祈りをこめて。

２０２４年5月

津田紘彰

Special Thanks

最後に、まず誰よりも私のYouTubeをここまで広めてくれて、共に歩んでくれた相棒であり右腕であるプロデューサー、株式会社リンクコンサル代表取締役神坂涼介君に心から感謝申し上げます。涼介なくして、今の私の存在はありません。

また、私が本当に伝えたかった「大切にしたいこと」を温かなメッセージに紡いでくださった株式会社フォレスト出版編集長・森上功太さん、編集者・佐藤裕二さん、渡邉亨さん、出版に当たっていつも私を支えてくださった株式会社ANDRYUのかっちゃんことご縁つなぎの天才である出版プロデューサーの田中克成さん、本当にありがとうございました。

国内外を飛び回る私をいつも日本で支えてくださる秘書の古川幸子さん、弟分として私をサポートし てくれる株式会社North villageの北村竜哉君、社会保険労務士の小林稔君、スピーチ・プレゼンテ ーションのメンターである鴨頭嘉人さん、私の出版に多くの相談に乗ってくださったビジネス書作家の 岡崎かつひろさん、いつも無償の愛で熱い男の生き様を見せて下さるマーケティングコーチの横田伊 佐男さん、会話の達人でありこの本にも多くのアイデアをくださった店舗集客コーチの小林弘征君、私 のカンボジア支援を応援してくださるカンボジア孤児院JACE NGO's Academy代表の後藤勇太君、タイの支援活動をリーダーとして支えてくれるSunittha Niewpan、親友であり志を共にする、ラッキー マンこと株式会社和愛代表取締役の若山陽一郎君、私の人生を変えてくれたアニキ、てんつくマン こと軌保博光さん、いつも私に勇気とご縁をもたらしてくださる元格闘家の大山峻護さん、私が本当に 伝えたかった人生の大切なことをすべて教えてくださった師である叔父、田中正人さん、人生最大の 師、故・七沢賢治先生と一般社団法人白川学館理事の石原政樹さん、コミュニケーション＆スピー チアカデミア、プロコーチカウンセラースクールUNIVER、國志塾、セールスアカデミージャパンの生徒 の皆さん、そして誰よりも、私に志の人生を歩ませてくれた父と母、私が生きる意味である、愛する妻と三人の息子、ご縁あるすべての方に、言葉にならないほどの愛と感謝を込めて――。
さった師である叔父、田中正人さん、人生最大の師、故・七沢賢治先生と一般社団法人白川学館理事の石原政樹さん、コミュニケーション&スピーチアカデミア、プロコーチカウンセラースクールUNIVER、國志塾、セールスアカデミージャパンの生徒の皆さん、そして誰よりも、私に志の人生を歩ませてくれた父と母、私が生きる意味である、愛する妻と三人の息子、ご縁あるすべての方に、言葉にならないほどの愛と感謝を込めて――。

【著者プロフィール】

津田 紘彰（つだ・ひろあき）

コミュニケーション＆スピーチアカデミア学長、一般社団法人日本コーチカウンセラー連盟会長、プロコーチカウンセラースクールUNIVER学長、國志塾塾長、講演家。未来創聖株式会社代表取締役、株式会社ドリームエージェント取締役、マレーシア在住。16歳のときに阪神大震災が発生、高校に休学願を出して単身ヒッチハイクで現地入りし、数カ月にわたって支援活動に従事。大学卒業後はプロミュージシャンとしてデビューを果たすも父の病を機に地元名古屋に帰郷。2011年、東日本大震災が起きた翌日に会社に辞表を出して被災地に渡り、名古屋と往復を続けながら5年半復興支援活動、宮城県より感謝状受賞。同年、コーチングスクール入校からわずか11カ月で国際コーチ協会認定プロコーチ養成講師資格試験に合格（史上最速）。現在は複数の企業、法人の代表、上場企業の顧問を務めながら、セールス・人材育成・リーダーシップ・コミュニケーション・スピーチ＆プレゼンテーションの講演・研修を年間約300回以上行ない、多くの企業や官公庁、総合病院、公益財団法人等でもビジネスコンサルを行なう。東南アジアにおける支援活動で日亜文化交流協会から表彰。超が付くほどの愛妻家で子煩悩、三人の男の子の父でもある。

◆著者 HP：https://tsudahiroaki.com/
◆YouTube「津田紘彰チャンネル」：http://bit.ly/hiro-life

会話の達人が大切にしていること

2024年6月21日　　初版発行

著　者　津田紘彰
発行者　太田　宏
発行所　フォレスト出版株式会社
〒162-0824 東京都新宿区揚場町2-18　白宝ビル7F
電話　03-5229-5750（営業）
03-5229-5757（編集）
URL　http://www.forestpub.co.jp

印刷・製本　日経印刷株式会社

ISBN978-4-86680-279-4　Printed in Japan

会話の達人が
大切にしていること

読者の方に無料
特別プレゼント

本書で掲載できなかった
未公開原稿

（PDF ファイル）

笑顔の特訓動画

（動画ファイル）

著者・津田紘彰さんより

紙面の都合上、掲載できなかった「未公開原稿」と「笑顔の特訓動画」を読者特典としてご用意しました。本書の読者限定の貴重な特典です。ぜひダウンロードして本書と併せてご活用ください。

特別プレゼントはこちらから無料ダウンロードできます↓

http://frstp.jp/tsuda

※特別プレゼントは Web 上で公開するものであり、小冊子・DVD などをお送りするものではありません。

※上記無料プレゼントのご提供は予告なく終了となる場合がございます。あらかじめご了承ください。